Klausurtraining

Friedrich Schiller

Don Karlos

Von Peter Jansen

Ernst Klett Verlag
Stuttgart • Leipzig

Zitate im Text beziehen sich auf folgende Ausgabe:
Friedrich Schiller: Don Karlos.
Text mit Materialien.
Ausgewählt von Wilhelm Große.
Klett Editionen für den Literaturunterricht.
Ernst Klett Verlag, Stuttgart/Leipzig 2007.
ISBN 978-3-12-352422-6

1. Auflage 1 5 4 3 2 1 | 12 11 10 09 08

Alle Drucke dieser Auflage sind unverändert und können im Unterricht nebeneinander benutzt werden.
Die letzte Zahl bezeichnet das Jahr dieses Druckes.

Redaktion: Ursula Schwarz
Herstellung: Dea Hädicke

Layoutkonzeption: Kai Twelbeck, Stuttgart
Umschlaggestaltung: one pm Petra Michel, Stuttgart
Umschlagfotos: Avenue Images GmbH (RF/Radius Images/Masterfile), Hamburg; Avenue Images GmbH (RF/Masterfile), Hamburg; a bis z-Publishing GmbH, Leipzig

Satz: a bis z-Publishing GmbH, Leipzig
Reproduktion: Meyle + Müller Medien-Management, Pforzheim
Druck: Medienhaus Plump, Rheinbreitbach

Printed in Germany
ISBN 978-3-12-352441-7

9 783123 524417

Liebe Schülerinnen und Schüler,

das vorliegende Heft bietet ein Intensivprogramm für alle, die sich schnell, aber gründlich auf eine Klausur zu Friedrich Schillers „Don Karlos" vorbereiten möchten – sei es nun eine Klausur im laufenden Schuljahr oder die Abiturprüfung.
Im Unterschied zu anderen Übungsheften konzentriert sich Klausurtraining „Don Karlos" auf eine der „Pflichtlektüren" des nordrhein-westfälischen Zentralabiturs und trainiert anhand von Schillers Drama drei mögliche Aufgabentypen, die im Abitur des Landes Nordrhein-Westfalen vorkommen können:

- die Analyse eines literarischen Textes mit weiterführendem Schreibauftrag
- Texterörterung (Analyse eines Sachtextes mit folgender argumentativer Entfaltung eines Sachverhaltes)
- die Analyse eines Sachtextes mit weiterführendem Schreibauftrag

Das Heft ist in drei Teile gegliedert:

Teil I: Klausurtraining (S. 4)
Die drei Aufgabentypen werden schrittweise und systematisch anhand einer Beispielklausur erarbeitet. Jeder Durchgang durch eine Klausur ist in sich abgeschlossen und kann gesondert durchlaufen werden. Am Ende steht jeweils eine Musterklausur.
Die Erarbeitung der drei Klausuren erfolgt in jeweils sechs Arbeitsschritten, die sich – je nach Aufgabenart – geringfügig unterscheiden. Mögliche Arbeitsergebnisse der einzelnen Arbeitsschritte und ihrer Teilschritte erscheinen im Heft farbig unterlegt – als Hinweis für Sie, wie Ihre Aufzeichnungen und Notizen aussehen könnten.

Teil II: Analyse/Interpretation (S. 32)
Dieser Teil enthält eine knappe, auf die wesentlichen Gesichtspunkte konzentrierte Analyse/Interpretation des Dramas „Don Karlos". Sie ist systematisch nach den Aspekten gegliedert, die für die Erschließung dramatischer Texte von Bedeutung sind. Hier können Sie Ihre Kenntnisse des Dramas auffrischen und sich noch einmal über die Interpretationsergebnisse informieren, die für die Bearbeitung von (Abitur-)Klausuren unentbehrlich sind.
Am Ende eines jeden größeren Abschnittes sind die wichtigsten Inhalte zusammengefasst – ideal zum raschen Wiederholen.

Teil III: Zum Umgang mit dramatischen Texten (S. 43)
Die letzten Seiten sind zum Heraustrennen und Falten gedacht – für das Lernen unterwegs. Hier können Sie einmal die bei Klausuren geforderten Basiskompetenzen sowie die bei der Analyse von Dramentexten nötigen Grundbegriffe nachschlagen.

Zum Schluss wünschen wir Ihnen gutes Gelingen bei der Arbeit mit diesem Heft sowie bei Ihren Klausuren und in der Abiturprüfung viel Erfolg!

Peter Jansen

Musterklausur 1

Friedrich Schiller: Don Karlos, II, 15 (Auszug)

Karlos Befrage
Mich darum nicht. Das Mittel jetzt, das Mittel,
Dass ich sie spreche!
Marquis *mit Bedeutung*
Sagtest du mir nicht,
Du *liebtest* deine Mutter? – Du bist willens,
Ihr diesen Brief zu zeigen?
Karlos sieht zur Erde und schweigt.
Karl, ich lese
In deinen Mienen etwas – mir ganz neu –
Ganz fremd bis diesen Augenblick. – Du wendest
Die Augen von mir? *Warum* wendest du
Die Augen von mir? So ist's wahr? – Ob ich
Denn wirklich recht gelesen? Lass doch sehn –
Karlos gibt ihm den Brief. Der Marquis zerreißt ihn.
Karlos Was? Bist du rasend?
Mit gemäßigter Empfindlichkeit
Wirklich – ich gesteh es –
An diesem Briefe lag mir viel.
Marquis So schien es.
Darum zerriss ich ihn.
Der Marquis ruht mit einem durchdringenden Blick auf dem Prinzen, der ihn zweifelhaft ansieht. Langes Stillschweigen
Sprich doch – was haben
Entweihungen des königlichen Bettes
Mit deiner – deiner Liebe denn zu schaffen?
War Philipp dir gefährlich? Welches Band
Kann die verletzten Pflichten des Gemahls
Mit deinen kühnern Hoffnungen verknüpfen?
Hat er gesündigt, wo du liebst? Nun freilich
Lern ich dich fassen. O, wie schlecht hab ich
Bis jetzt auf deine Liebe mich verstanden!
Karlos Wie, Roderich? Was glaubst du?
Marquis O, ich fühle,
Wovon ich mich entwöhnen muss. Ja, einst,
Einst wars ganz anders. Da warst du so reich,
So warm, so reich! Ein ganzer Weltkreis hatte
In deinem weiten Busen Raum. Das alles
Ist nun dahin, von *einer* Leidenschaft,
Von einem kleinen Eigennutz verschlungen.
Dein Herz ist ausgestorben. Keine Träne,
Dem ungeheuern Schicksal der Provinzen
Nicht einmal eine Träne mehr! – O Karl,
Wie arm bist du, wie bettelarm geworden,
Seitdem du niemand liebst als *dich*!

Karlos *wirft sich in einen Sessel. – Nach einer Pause mit kaum unterdrücktem Weinen* Ich weiß,
Dass du mich nicht mehr achtest.

Marquis Nicht so, Karl!
Ich kenne diese Aufwallung. Sie war
Verirrung lobenswürdiger Gefühle.
Die Königin gehörte dir, war dir
Geraubt von dem Monarchen – doch bis jetzt
Misstrautest du bescheiden deinen Rechten.
Vielleicht war Philipp ihrer wert. Du wagtest
Nur leise noch, das Urteil ganz zu sprechen.
Der Brief entschied. Der Würdigste warst *du*.
Mit stolzer Freude sahst du nun das Schicksal
Der Tyrannei, des Raubes überwiesen.
Du jauchztest, der Beleidigte zu sein;
Denn Unrecht leiden schmeichelt großen Seelen.
Doch hier verirrte deine Fantasie,
Dein Stolz empfand *Genugtuung* – dein Herz
Versprach sich *Hoffnung*. Sieh, ich wusst es wohl,
Du hattest diesmal selbst dich missverstanden.

Karlos *gerührt* Nein, Roderich, du irrest sehr. Ich dachte
So edel nicht, bei weitem nicht, als du
Mich gerne glauben machen möchtest.

Marquis Bin
Ich denn so wenig hier bekannt? Sieh, Karl,
Wenn du verirrest, such ich allemal
Die Tugend unter Hunderten zu raten,
Die ich des Fehlers zeihen kann. Doch nun
Wir besser uns verstehen, seis! Du sollst
Die Königin jetzt sprechen, musst sie sprechen. –

Karlos *ihm um den Hals fallend* O, wie erröt ich neben dir!

Marquis Du hast
Mein Wort. Nun überlass mir alles andre.
Ein wilder, kühner, glücklicher Gedanke
Steigt auf in meiner Fantasie. – Du sollst
Ihn hören, Karl, aus einem schönern Munde.
Ich dränge mich zur Königin. Vielleicht,
Dass morgen schon der Ausgang sich erwiesen.
Bis dahin, Karl, vergiss nicht, dass »ein Anschlag,
Den höhere Vernunft gebar, das Leiden
Der Menschheit drängt, zehntausendmal vereitelt,
Nie aufgegeben werden darf«. – Hörst du?
Erinnre dich an Flandern!

Karlos Alles, alles.
Was *du* und hohe Tugend mir gebieten.

Marquis *geht an ein Fenster.* Die Zeit ist um. Ich höre dein Gefolge.
Sie umarmen sich. Jetzt wieder Kronprinz und Vasall.

Karlos Du fährst
Sogleich zur Stadt?

Marquis Sogleich.

Karlos Halt! noch ein Wort!
Wie leicht war das vergessen! – Eine Nachricht,
Dir äußerst wichtig: – »Briefe nach Brabant

Erbricht der König.« Sei auf deiner Hut!
Die Post des Reichs, ich weiß es, hat geheime
Befehle –
Marquis Wie erfuhrst du das?
Karlos Don Raimond
Von Taxis ist mein guter Freund.
Marquis *nach einigem Stillschweigen* Auch das!
So nehmen sie den Umweg über Deutschland!
Sie gehen ab zu verschiedenen Türen.

Aus: Friedrich Schiller, *Don Karlos*, Editionen für den Literaturunterricht, Ernst Klett Verlag, Stuttgart/Leipzig 2007, S. 88 ff.

Aufgabenstellung:

1. Interpretieren Sie den Szenenausschnitt II, 15 aus Schillers „Don Karlos".
2. Vergleichen Sie Ihre Ergebnisse mit der These im folgenden Textauszug:

Mit Posa verglichen handeln alle anderen Schiller'schen Jugendhelden lediglich egoistisch, wenn sie oder der Dichter es auch verstehen, ihre Sache als eine solche von allgemeiner Bedeutung und höherer Würde erscheinen zu lassen. Posa aber ist der erste, bei dem das ideologische Moment ursprünglich ist, so dass es seinem Idealismus wenig Abbruch tut, dass sich ihm nachträglich Motive zugesellen, die nicht in der Erhabenheit der Sache, sondern in dem Selbstgefühl der Person ihre Wurzel haben. Auch wird man nicht übersehen können, dass im „Don Karlos" überall die Idee über die Person triumphiert.

Aus: Hermann August Korff, *Geist der Goethezeit*, 2. Band, Leipzig 1927, S. 57
Worterklärung: ideologisch (hier nicht abwertend): eine auf Idealen begründete Weltanschauung

1. Erstes Überfliegen des Textes – Aufgabenstellung erfassen ⟶ **2.** ⟶ **3.** ⟶ **4.** ⟶ **5.** ⟶ **6.**

Überfliegen Sie den Text und verschaffen Sie sich so ein erstes Verständnis.

Wer spricht	►	Haupt- oder Nebenfiguren
in welcher Situation	►	Ort und Zeit der Handlung
zu welchem Zeitpunkt	►	Stellung und Funktion der Szene im Drama
warum	►	Vorgeschichte der Szene
worüber	►	Themen, Inhalt
wozu?	►	Handlungsziel der Figuren

Formulieren Sie anschließend einige Verstehenshypothesen zum Text.

Don Karlos sieht Chance, die Königin für sich zu gewinnen – Marquis Posa erinnert ihn an seine politischen Ideale – Für Posa stehen politische Ideale höher als die Erfüllung privater Wünsche – Marquis Posa als Kontrastfigur zu Don Karlos

Lesen Sie nun die Aufgabenstellung durch und achten Sie vor allem auf die Arbeitsanweisungen (Operatoren). Die **erste Teilaufgabe** verlangt von Ihnen eine Gesamtinterpretation dieser Szene. Es wird von Ihnen erwartet, dass Sie „textimmanent" und textübergreifend arbeiten.
Bei der **zweiten Teilaufgabe** sollen Sie zunächst die These des Autors erfassen und dann anhand Ihrer Analyseergebnisse die Szene auf ihre Richtigkeit und Vollständigkeit hin kritisch reflektieren.

1. → **2. Text aspektorientiert erschließen** → 3. → 4. → 5. → 6.

Teilschritt: Inhalt sichern

Lesen Sie die Szene zwei- bis dreimal sorgfältig durch und gliedern Sie sie in Sinnabschnitte. Formulieren Sie eine Überschrift/einen Satz für jeden Abschnitt (Konspektmethode).

- Eine solche Inhaltsübersicht erleichtert den Zugang zum Text, da durch die Verkürzung auf alles stilistische und rhetorische „Beiwerk" verzichtet wird.
- Sie dient einer schnelleren Orientierung im Text.
- Sie gibt Formulierungen vor, die bei der Textbeschreibung wieder aufgenommen und miteinander verknüpft werden können.

1. Abschnitt (V. 2389-2391): Don Karlos will Elisabeth über die Untreue des Königs informieren.
2. Abschnitt (V. 2391-2422): Posa macht Karlos klar, dass dieser nur noch persönliche Gefühle kennt, keine politischen Ziele.
3. Abschnitt (V. 2423-2460): Posa will Don Karlos zu einer Unterredung mit der Königin verhelfen.
4. Abschnitt (V. 2461-2470): Don Karlos warnt Posa vor der Briefzensur.

Teilschritt: Themen und Konflikte erfassen

Analysieren Sie nun den Text unter Erschließungsaspekten, die Ihnen sinnvoll erscheinen. Bei einer Dramenszene gehen Sie am besten folgendermaßen vor:

Aspekte	Mögliche Fragen
Konflikt/Themen	Gibt es einen offenen oder unterschwelligen Konflikt? Wird ein Thema oder werden mehrere Themen angesprochen?
Figurencharakterisierung	Werden die Figuren direkt von anderen Figuren oder indirekt durch ihr eigenes Sprechen und Handeln charakterisiert?
Sprache	Argumentieren oder reflektieren die Figuren? (verbal) Sprechen sie gestisch oder mimisch? (nonverbal) Sprechen sie eindeutig, ironisch, aggressiv etc.? (Tonfall)
Schauplatz	Ist der Ort innen oder außen, privat oder öffentlich? Hat der Ort eine symbolische Bedeutung?
Zeitpunkt	Welche Angaben zu Tag, Stunde, Jahr sind möglich?
Funktion	Welche Funktion kommt der Szene innerhalb des Dramas zu?

Welche Themen und Konflikte werden in der Szene verhandelt? Beachten Sie auch die Themen, die nur am Rande angesprochen werden, die aber unterschwellig vorhanden sind oder auf die nur angespielt wird.

Bestimmen Sie das Thema bzw. den Konflikt, das bzw. der in dieser Szene angesprochen wird.

- Die Liebe Karlos' zur Königin lässt ihn seine politischen Ziele vergessen
- Posas Missbilligung dieser Einstellung
- Posa will Karlos wieder für die politischen Ziele begeistern

Teilschritt: Figurendarstellung untersuchen

Im Drama gibt es wie in Prosatexten die Möglichkeiten der direkten und der indirekten Figurencharakterisierung.

Regieanweisungen Aussagen anderer Figuren	}	Direkte Charakterisierung →	Figur
Reden Handeln Mimik, Gestik	}	Indirekte Charakterisierung →	

Charakterisieren Sie stichwortartig Don Karlos so, wie er in dieser Szene auftritt.

- Karlos hegt private Wünsche und Hoffnungen im Blick auf die Königin (darin sieht er sein Schicksal, das Wichtigste)
- naiv, glaubt durch die Briefe wäre der Weg zur Königin für ihn frei
- liebt seinen Freund und ist bereit, auf ihn zu hören
- emotional bewegt, beeinflussbar von seinem Freund: „Ich weiß,/Dass du mich nicht mehr achtest." (V. 2422 f.)
- unterliegt Gefühlsschwankungen
- besorgt um den Freund (Hinweis auf Briefzensur)

Charakterisieren Sie stichwortartig Marquis Posa so, wie er in dieser Szene auftritt.

- Argumentiert klug und rational in Bezug auf Karlos' Hoffnungen: „O, wie schlecht hab ich/Bis jetzt auf deine Liebe mich verstanden!" (V. 2408 f.); „O Karl,/Wie arm bist du, wie bettelarm geworden,/Seitdem du niemand liebst als dich!" (V. 2419 ff.)
- Politisch weitblickend, will Don Karlos erneut für den Freiheitskampf der Niederlande gewinnen: „Ein wilder, kühner, glücklicher Gedanke/Steigt auf in meiner Fantasie. – Du sollst/Ihn hören, Karl, aus einem schönern Munde." (V. 2450 ff.)
- Glaubt an die guten Seiten in Don Karlos
- Ist aber auch bereit, seinen Freund zu manipulieren

Teilschritt: Sprache und rhetorische Mittel untersuchen

Die Figuren in Dramen interagieren in der Regel, indem sie miteinander oder übereinander sprechen. Die Art der Interaktion verrät viel über die Personen und ihre Beziehung zueinander.

Skizzieren Sie stichwortartig, wie die beiden Figuren miteinander sprechen.

Don Karlos	***Marquis Posa***
- äußerst gefühlsbetont	- in der Regel klar, argumentativ
- sagt unvermittelt, was er denkt, fühlt und will	- sagt nicht alles, was er denkt, fühlt, will
- ist offen und ehrlich	- verschweigt, ist teilweise berechnend
- …	- …

Teilschritt: Schauplatz und Zeitpunkt einbeziehen

Ort und Zeit einer Szene sollten in die Untersuchung miteinbezogen werden, weil sie der Charakterisierung von Personen und Handlungsteilen dienen können. Deswegen ist diese konkrete Bestimmung der zeitlichen, der räumlichen und der psychischen Umstände äußerst wichtig.

- Kartäuserkloster in der Nähe von Madrid (Kartäuser: Einsiedlerorden). Der Ort macht bereits deutlich, dass das Gespräch heimlich stattfinden soll. So bekommt dieses Gespräch den Charakter einer Verschwörung.

Teilschritt: Funktion der Szene im Gesamtzusammenhang ermitteln

Um herauszufinden, welche Funktion die Szene im Gesamtzusammenhang hat, fragen Sie zunächst nach den Verknüpfungen mit der Szene davor (woher?) und mit der Szene danach (wohin?).

- König Philipp begegnet seinem Sohn mit Misstrauen, hat es abgelehnt, ihn nach Flandern zu schicken (II,2).
- Karlos ist hin und her gerissen zwischen seinen politischen Idealen und seiner Liebe zu Königin Elisabeth.
- Die Untreue seines Vaters gibt ihm Hoffnung, seine persönlichen Ziele zu erreichen.
- Marquis Posa hat den Infanten fest in sein politisches Spiel eingerechnet – für ihn besteht Gefahr, dass sich seine Hoffnungen zerschlagen.
- …

Teilschritt: textüberschreitende Aspekte

Nachdem nun die wichtigsten textimmanenten Untersuchungsaspekte bearbeitet worden sind, sollten Sie überlegen, welche textüberschreitenden Gesichtspunkte fruchtbar für die Szenenanalyse sind.
Gerade diese Szene macht den Übergang vom Sturm und Drang zur Klassik an den beiden Figuren, deren Charakter und Handlungsmaximen deutlich.

Karlos erscheint als Figur des Sturm und Drang – ein stürmischer Jüngling, mitunter unbedacht, von seinen Emotionen bestimmt
Posa handelt rational, stellt seine Gefühle zurück, versucht im Dienste einer höheren Sache seine Ziele durchzusetzen, idealistische Position

Teilschritt: Deutungsthese der Szene formulieren

Formulieren Sie nun eine abschließende Deutungsthese. Dann sollte auch die Kenntnis des ganzen Dramas einfließen.

Formulieren Sie Ihre Deutungsthese der Szene.

In Szene II,15 werden die Figuren kontrastiv charakterisiert. Karlos ist bestimmt durch augenblickliche Stimmungen; Posa ist der kluge Freund, aber auch der berechnende Politiker, der seine Ziele nicht aus den Augen verliert. Beide haben unterschiedliche Handlungsmaximen, die letztlich zur Katastrophe führen.

1. → 2. → **3. Korff-Text einbeziehen** → 4. → 5. → 6.

Teilschritt: Thesen des Textes herausarbeiten

Nachdem Sie nun die wesentlichen Aspekte für eine Interpretation dieser Szene herausgearbeitet haben, können Sie jetzt den weiterführenden Schreibauftrag bearbeiten.

Welche These(n) vertritt Korff in seiner Aussage?

- Die Schiller'schen Jugendhelden sind im Vergleich zu Posa egoistisch.
- Posa vertritt einen ursprünglichen Idealismus.
- „Don Karlos" ist ein Ideendrama.
- „Die Idee triumphiert über die Person."

Teilschritt: Eigene Thesen entwickeln

Wo entsprechen / widersprechen Ihre Analyseergebnisse den folgenden Thesen?

Don Karlos und Marquis Posa als Kontrastfiguren:
Don Karlos ist als Figur des Sturm und Drang gekennzeichnet.
Marquis Posa ist eine Figur auf dem Weg zur Klassik. Er ist kein selbstbezogener jugendlicher Held, ihm geht es nicht um individuelle Wünsche wie Freundschaft, sondern um seine politischen Ideale.

a) Marquis Posa vertritt einen ursprünglichen Idealismus:
   - ein Menschenbild, das geprägt ist von Vorstellungen Rousseaus
   - eine Staatsvorstellung, die getragen wird von Ideen Montesquieus
   - seine Vorstellungen vertritt er auch vor dem König
   - „Don Karlos" Ideendrama

b) „Die Idee triumphiert über die Person."
   - Damit wird einerseits deutlich gemacht, dass es sich nicht mehr um ein Drama des Sturm und Drang handelt, sondern durchaus Ideen der Aufklärung und der Klassik handlungsführend sind.
   - Andererseits tritt jedoch auch das Problem auf, dass Freundschaften, Gefühle, ja sogar Menschen den Ideen „geopfert" werden, dass Ideen höher gesetzt werden als das Schicksal des einzelnen Menschen und so Menschen nur noch als Mittel zur Verwirklichung von Ideen angesehen werden („Dialektik der Aufklärung").
   - Dieses Problem, das Schiller selbst einen „Despotismus der Vernunft" nennt, sieht Korff nicht bzw. deutet er nur an. Dieses grundsätzliche Problem von Revolutionen oder großen Veränderungen hat Schiller bereits vor der Französischen Revolution gesehen – bis heute ist es nicht endgültig gelöst.
   - Georg Büchner hat in seinem Drama „Dantons Tod" nach der Französischen Revolution" dieses Problem thematisiert.

1. → 2. → 3. → **4. Gliederung erstellen** → 5. → 6.

Wir gehen davon aus, dass Sie Ihr Textverständnis dieser dramatischen Szene in erster Linie als kontrastierende Charakterisierung entwickeln wollen. Dann kommt alles darauf an, dass Sie zentral darlegen, wie in dieser Szene Don Karlos und Marquis Posa kontrastieren und noch deutlicher in ihrem Charakter bestimmt werden. Dabei müssen Sie auch darauf eingehen, wie beide Figuren gerade durch ihre unterschiedlichen Handlungsmaximen zur Katastrophe beitragen.

Daraus ergeben sich zwei grundsätzliche Möglichkeiten für die Gliederung Ihres Textes:

- Sie kontrastieren, ausgehend von dieser Szene, die beiden Figuren systematisch.
- Sie charakterisieren die beiden Figuren sukzessive, indem Sie die Dialogführung der Szene untersuchen.

Überlegen Sie für sich Vor- und Nachteile dieser beiden Gliederungsmöglichkeiten.

Beginnen Sie mit der schriftlichen Ausarbeitung erst, nachdem Sie eine Gliederung erstellt haben, an der Sie sich während des Schreibens orientieren können. Aus der Aufgabenstellung und den Aspekten der Textuntersuchung ergibt sich häufig schon eine bestimmte Abfolge in der Gliederung.

Einleitung:
Textstelle präsentieren (Titel, Textsorte, Verfasser, Entstehungsdatum, Thema, Deutungsthese, evtl. Hinweis auf Vorgehensweise)

Hauptteil:
1. Teilaufgabe: Interpretation der Szene II,15
Deutungsansatz: kontrastive Charakterisierung
Funktionale Einordnung der Szene
Don Karlos – gefühlsbetont, von seinen Gefühlen bestimmt
Marquis Posa – vernunftbetont, von seinen politischen Ideen getragen
Kontrastive Gegenüberstellung der beiden Figuren
Dramaturgische Funktion der Kontrastierung
Der epochengeschichtliche Übergang in der Kontrastierung
2. Teilaufgabe: Vergleich von „Don Karlos" mit der These von Korff

Schluss:
Ergebniszusammenfassung

Eine Einleitung zu einer Interpretation muss in der Regel die hier genannten Informationen enthalten. Am besten prägen Sie sich eine Standardformulierung ein.

Der **Schluss-Teil** Ihrer Analyse ist nicht weniger wichtig als die Einleitung. Geben Sie mit der Einleitung Ihre Visitenkarte ab, so hinterlassen Sie mit den letzten Sätzen unter Umständen einen nachhaltigen Eindruck bei Ihrem Leser. Einige Vorschläge für einen prägnanten Abschluss der Analyse:

- **Sie resümieren Ihre Analyse, greifen das (die) für Sie wichtigste(n) Ergebnis(se) heraus und unterstreichen dessen (deren) Bedeutung.**
- **Wenn Sie im ersten Teil mit einer Deutungshypothese gearbeitet haben, so greifen Sie jetzt darauf zurück und überprüfen diese. Entweder bestätigen Sie sie, widerlegen sie oder variieren sie.**
- **Sie entwickeln ein Urteil – sei es zur ästhetischen Gestalt der Texte, sei es zu ihrem Inhalt.**
- **Sie verlassen den Rahmen einer historisch orientierten Analyse und fragen nach der Bedeutung des Textes für Sie selbst oder die Gegenwart.**

Formulieren Sie Ihre Gedanken wie in der Gliederung festgelegt. Bemühen Sie sich um gedankliche Genauigkeit und Schlüssigkeit Ihrer Ausführungen und um eine angemessene Art der Darstellung.

Einleitung:

Schiller hat an seinem Drama „Don Karlos" fast vier Jahre, von 1783 bis 1787, gearbeitet. In dieser Zeit macht Schiller selbst eine entscheidende Entwicklung durch – von einem Sturm-und-Drang-Dramatiker hin zu einem Dramatiker, der den Aufklärungs- und Humanitätsgedanken aufgreift und theatralisch gestaltet. Von daher kann es nicht verwundern, dass der „Don Karlos" ein typisches Drama des Übergangs vom Sturm und Drang zur Klassik geworden ist.

Hauptteil:

1. Teilaufgabe: Interpretation der Szene II, 15

In II, 15 werden Don Karlos und Marquis Posa kontrastiv charakterisiert. Lässt sich Don Karlos bestimmen durch die Spontaneität des Augenblicks, so tritt Marquis Posa als der kluge Freund, weltläufige Mensch und berechnende Politiker auf, der seine Ziele nie aus den Augen verliert und bereit ist, diesen Zielen alles unterzuordnen. Beide Figuren tragen gerade durch ihre unterschiedlichen Handlungsmaximen zur Katastrophe bei.

Die Szene spielt in einem Kartäuserkloster in der Nähe von Madrid. Der Ort macht bereits deutlich, dass das Gespräch heimlich stattfinden soll, weil im damaligen spanischen Reich ein weltliches und ein kirchliches Spitzelsystem herrscht. So bekommt dieses Gespräch von Anfang an den Charakter einer Verschwörung.

Don Karlos ist mit seiner Bitte, den Oberbefehl über die Niederlande zu erhalten, bei seinem Vater gerade gescheitert. Dabei weiß Philipp II. gar nichts von den revolutionären Plänen, die Marquis Posa und Don Karlos geschmiedet haben. Philipp II. hält seinen Sohn schlichtweg für nicht reif genug, eine solche politische Befriedung der Niederlande durchzuführen. Bei einem Treffen mit der Prinzessin Eboli erfährt Karlos, dass diese ihn heimlich liebt. Im Verlaufe dieses Gespräches fällt ihm ein Brief des Königs in die Hände, aus dem eindeutig hervorgeht, dass der König die Königin mit der Prinzessin betrogen hat.

Und nun wird deutlich, welche Interessen Don Karlos in erster Linie vertritt: Es sind letztlich nur seine privaten Interessen – seine Liebe zur Königin. Deshalb will er diesen Brief der Königin zeigen, weil er davon ausgeht, dass diese sich dann nicht mehr an den König gebunden fühlt. In seinem Eifer bedenkt er überhaupt nicht mehr, wie sehr dieser Brief die Königin verletzen muss.

Diesen Widerspruch deckt Marquis Posa schonungslos auf: „Sagtest du mir nicht,/ Du *liebtest* deine Mutter? – Du bist willens,/Ihr diesen Brief zu zeigen." (V. 2391 ff.) Aber Marquis Posa zeigt Don Karlos nicht nur dessen Egoismus in seinen privaten Wünschen, sondern öffnet ihm auch die Augen dafür, dass er sich in jeder Hinsicht zum Egoisten entwickelt habe; denn über seine leidenschaftliche Liebe zur Königin vergesse, ja verrate er seine politischen Ideen: „Du warst so reich,/So warm, so reich ... O Karl/Wie arm bist du geworden, wie bettelarm geworden,/Seitdem du niemand liebst als dich!" (V. 2412 ff.)

Die Wirkung, die diese Worte Marquis Posas auf Don Karlos haben, macht wieder deutlich, wie sehr Don Karlos eine typische Figur des Sturm und Drang ist. ‚Mit kaum unterdrücktem Weinen' (so die Regieanweisung in V. 2421 f.) gesteht er seine Schuld ein und erwartet, dass Marquis Posa ihn nun verachte. Don Karlos zeigt sich hier als ein Charakter, der von seinen Gefühlen getragen und getrieben wird, von der Liebe zur Königin und von der schwärmerischen Freundschaft zu Marquis Posa und von daher nunmehr auch von Schuldgefühlen.

Don Karlos verehrt Marquis Posa geradezu schwärmerisch. Er spürt, wie selbstständig, klar und weltmännisch Marquis Posa denkt und spricht. Und dieser Unterschied zwischen Don Karlos und Marquis Posa wird im weiteren Verlauf des Gesprächs noch deutlicher: Ist Don Karlos dem Weinen nah, so ist Marquis Posa auch hier der gefasste, klug berechnende Freund und Politiker. Daher räumt er nach seinen ersten Vorwürfen ein, Don Karlos sei mit der Hochzeit des Königs und der Königin großes „Unrecht" getan worden und daher sei es zwar nicht richtig, aber doch verständlich, dass Don Karlos mit der Entdeckung der Untreue des Königs sich „Hoffnung" (V.2437) gemacht habe.
Don Karlos ist durch diese Erklärung Marquis Posas „gerührt" (V.2439). Marquis Posa nutzt diese Gefühlsschwankung seines Freundes aus, indem er ihm in Aussicht stellt, mit der Königin sprechen zu können. Gegenstand des Gespräches aber soll ein „kühner, glücklicher Gedanke" (V.2450) sein, den Don Karlos von der Königin erfahren soll. Es geht, wie sich im Verlauf der weiteren Handlung herausstellen wird, darum, dass Don Karlos auch gegen den Willen des Königs in die Befreiung Flanderns einbezogen werden soll. Äußerst geschickt verknüpft Marquis Posa so die privaten Gefühle Don Karlos', seine leidenschaftliche Liebe zur Königin, mit seinen politischen Aufklärungsideen. Und dieser Schachzug verfehlt seine Wirkung nicht; denn Karlos verspricht jetzt schon, ohne von diesem Gedanken zu wissen: „Alles, alles/Was du und hohe Tugend mir gebieten." (V.2459f.). Deutlicher könnte der Kontrast nicht sein: Hier der emotionale Don Karlos, dort der rationale Marquis Posa. Hier Don Karlos, der unvermittelt sagt, was er denkt, fühlt und will, der offen und ehrlich ist; dort Marquis Posa, der klar argumentiert, der jedoch nicht alles sagt, was er denkt, fühlt und will und der aus politischer Klugheit auch Dinge verschweigt, teilweise sogar berechnend ist.
Auch Marquis Posa empfindet freundschaftlich für Don Karlos, aber mehr noch sieht er in ihm ein Mittel, seine politischen Ideen zu verwirklichen. Marquis Posa vertritt mit großer Leidenschaft und ohne Rücksicht auf sich selbst, wie sich im Gespräch mit König Philipp II. (III,10) noch zeigen wird, die Ideen der Aufklärung. So lässt er sich in erster Linie durch die Vernunft und nicht durch Gefühle leiten. Dabei geht er allerdings häufig auch zweckrational vor und instrumentalisiert die anderen Personen: Die Königin, zu der er einen guten Kontakt hat, bringt er dazu, sich an der politischen Verschwörung gegen den König zu beteiligen und Don Karlos in die „richtigen" politischen Bahnen zu leiten. Don Karlos benutzt er als Infanten von Spanien, seine politischen Ideen zu realisieren. Und sein Vertrauensverhältnis zum König, das er zwar nicht gewollt hat, das ihm vielmehr vom König angetragen worden ist, setzt er ein, um seine politische Intrige durchzuführen.
Indem in dieser Szene gerade durch die kontrastierende Charakterisierung der beiden Figuren die weitere Handlung des Stückes vorangetrieben wird, erfüllt sie die dramatische Funktion der „Steigerung der Handlung", die im klassischen Drama dem zweiten Akt zukommt: Der Vater-Sohn-Konflikt und damit der Liebeskonflikt werden auf eine politische Ebene gestellt, und Marquis Posa übernimmt das Gesetz des Handelns, er wird ab jetzt zur bestimmenden Figur in diesem Drama. Die gekränkte Eboli, die Eifersucht des Königs und der Verdacht Albas und Domingos spitzen die Situation so zu, dass etwas entscheidend Neues passieren muss, soll eine Lösung der dramatischen Konflikte gefunden werden. Und so verweist diese letzte Szene des II. Aktes bereits auf die 10. Szene des III. Aktes, den Höhepunkt, das Gespräch zwischen Philipp II. und Marquis Posa. Die Szene endet damit, dass Don Karlos seinen Freund davor warnt, dass die Post nach Flandern zensiert werde. Auch diese Warnung verweist bereits auf das Ende des Stückes, wo die politische Verschwörung durch einen abgefangenen Brief entdeckt wird.
In dem Gespräch zwischen Don Karlos und Marquis Posa wird auch ein epochengeschichtlicher Übergang vom Sturm und Drang zur Klassik deutlich: die Figur des Don Karlos in ihrer Spontaneität bis hin in die teilweise exaltierte Sprache

(Ausrufe) und die Figur des Marquis Posa in ihrer Vernunftbestimmtheit und ihrem leidenschaftlichen Kampf für die politischen Aufklärungsideen. Ist Don Karlos noch ganz eine Figur aus dem Sturm und Drang, so bahnt sich in Marquis Posa der Übergang zur Klassik an; denn er vertritt die Ideen der Aufklärung – allerdings ist er bereit, für diese Ideen andere Menschen zu opfern.

2. Teilaufgabe: Vergleich von „Don Karlos" mit der These von Korff

Korffs Grundthese, dass mit Marquis Posa in Schillers Dramen eine Figur auftritt, die nicht egoistisch handelt, sondern sich leidenschaftlich für die Durchsetzung einer politischen Utopie einsetzt, ist überzeugend. Gerade im Kontrast zu Don Karlos, der äußerst stark von seinen Gefühlen beherrscht wird und so stets in der Gefahr steht, egoistisch zu sein, ist Marquis Posa eine Figur, die voll und ganz von ihren Idealen getragen wird. Marquis Posa vertritt einen ursprünglichen Idealismus: ein Menschenbild, das geprägt ist von den Vorstellungen Rousseaus, und eine Staatsvorstellung, die bestimmt ist von Vorstellungen Montesquieus. Insofern ist „Don Karlos" in der Tat ein Ideendrama. In dieser Szene geht es darum, dass Marquis Posa Don Karlos überzeugt, für die gemeinsamen politischen Ideen zu kämpfen. Wenn Korff jedoch die Meinung vertritt, dass die Motive Marquis Posas, „die nicht in der Erhabenheit der Sache, sondern in dem Selbstgefühl der Person ihre Wurzel haben" (Z. 5 f.), seinen Idealismus nicht eigentlich schädigen, so ist dies zumindest fragwürdig. Gerade weil Marquis Posa die „Erhabenheit seiner Sache" nicht von der Sache her grundsätzlich überdenkt, opfert er Freundschaften, Gefühle, ja sogar Menschen für diese Ideen, setzt er die Ideen höher an als das Schicksal des Einzelnen und sieht so Menschen letztlich als Mittel zur Verwirklichung der Ideen an. Dies entspricht nicht dem Humanitätsgedanken, der in der deutschen Klassik mit dem Aufklärungsgedanken verknüpft wird.
Korff spricht nun selbst davon, dass in „Don Karlos" überall die Idee über die Person triumphiere. Dies ist in der Tat überzeugend und unterstützt nochmals seine Grundauffassung, dass Marquis Posa nicht aus Egoismus handle. Mit dieser Formulierung wird einerseits deutlich gemacht, dass es sich nicht mehr um ein Drama des Sturm und Drang handelt (Familiengeschichte, Freundschaftskonflikt etc.), sondern Ideen der Aufklärung und der Klassik handlungsführend sind. Andererseits wird jedoch nicht das Problem dieser Perspektive thematisiert, das Schiller selbst als „Despotismus der Vernunft" bezeichnet hat.

Schlussteil:

Die Szene II, 15 übernimmt im Dramengeschehen eine Schlüsselfunktion. Sie zeigt in der Gegenüberstellung der beiden Hauptfiguren nicht nur einen epochengeschichtlichen Übergang vom Sturm und Drang zur Klassik, sondern wirft vor der Französischen Revolution ein Problem auf, das nach der Revolution offensichtlich geworden ist: Inwieweit dürfen Ideen höher gestellt werden als Menschen?
Georg Büchner zeigt in seinem Stück „Dantons Tod" die fatalen Folgen, die dieser Despotismus der Vernunft (etwa bei Robespierre) nach sich zieht. Schiller war also kein weltferner Idealist, der die politische Realität nicht kannte.

1. → 2. → 3. → 4. → 5. → **6. Klausur überarbeiten**

Teilen Sie sich Ihre Zeit so ein, dass Sie Ihre Klausur am Schluss noch einmal gründlich überarbeiten können. Sie können dabei auf die Checkliste von Seite 22 zurückgreifen.

Musterklausur 2

Friedrich Schiller: Briefe über „Don Karlos", 12. Brief (Auszug)

In den „Briefen über Don Karlos" (1788) verteidigt sich Schiller gegen Einwände, die gegen das Drama laut wurden.

Sie wollten neulich im „Don Karlos" den Beweis gefunden haben, dass leidenschaftliche Freundschaft ein ebenso rührender Gegenstand für die Tragödie sein könne als leidenschaftliche Liebe, und meine Antwort, dass ich mir das Gemälde einer solchen Freundschaft für die Zukunft zurückgelegt hätte, befremdete Sie. Also auch Sie nehmen es, wie die meisten meiner Leser, als ausgemacht an, dass es schwärmerische Freundschaft gewesen, was ich mir in dem Verhältnis zwischen Karlos und Marquis Posa zum Ziel gesetzt habe? Und aus diesem Standpunkt haben Sie folglich diese beiden Charaktere und vielleicht das ganze Drama bisher betrachtet? Wie aber, lieber Freund, wenn Sie mir mit dieser Freundschaft wirklich zuviel getan hätten? Wenn es aus dem ganzen Zusammenhang deutlich erhellte, dass sie dieses Ziel nicht gewesen und auch schlechterdings nicht sein konnte? Wenn sich der Charakter des Marquis, so wie er aus dem Total seiner Handlungen hervorgeht, mit einer solchen Freundschaft durchaus nicht vertrüge, und wenn sich gerade aus seinen schönsten Handlungen, die man auf ihre Rechnung schreibt, der beste Beweis für das Gegenteil führen ließe?

Die erste Ankündigung des Verhältnisses zwischen diesen beiden könnte irregeführt haben; aber dies auch nur scheinbar, und eine geringe Aufmerksamkeit auf das abstechende Benehmen beider hätte hingereicht, den Irrtum zu heben. Dadurch, dass der Dichter von ihrer Jugendfreundschaft ausgeht, hat er sich nichts von seinem höhern Plane vergeben, im Gegenteil konnte dieser aus keinem bessern Faden gesponnen werden. Das Verhältnis, in welchem beide zusammen auftreten, war Reminiszenz ihrer früheren akademischen Jahre. Harmonie der Gefühle, eine gleiche Liebhaberei für das Große und Schöne, ein gleicher Enthusiasmus für Wahrheit, Freiheit und Tugend hatte sie damals aneinandergeknüpft. Ein Charakter wie Posas, der sich nachher so, wie es in dem Stücke geschieht, entfaltet, musste frühe angefangen haben, diese lebhafte Empfindungskraft an einem fruchtbaren Gegenstande zu üben: ein Wohlwollen, das sich in der Folge über die ganze Menschheit erstrecken sollte, musste von einem engern Bande ausgegangen sein. Dieser schöpferische und feurige Geist musste bald einen Stoff haben, auf den er wirkte; konnte sich ihm ein schönerer anbieten als ein zart und lebendig fühlender, seiner Ergießungen empfänglicher, ihm freiwillig entgegeneilender Fürstensohn? Aber auch schon in diesen früheren Zeiten ist der Ernst dieses Charakters in einigen Zügen sichtbar; schon hier ist Posa der kältere, der spätere Freund, und sein Herz, jetzt schon zu weit umfassend, um sich für ein einziges Wesen zusammenzuziehen, muss durch ein schweres Opfer errungen werden. (Vgl. V. 255 f.)

Hier schon sind einige Winke gegeben, wie wenig die Anhänglichkeit des Marquis an den Prinzen auf persönliche Übereinstimmung sich gründet. Frühe denkt er sich ihn als Königssohn, frühe drängt sich diese Idee zwischen sein Herz und seinen bittenden Freund. Karlos öffnet ihm seine Arme; der junge Weltbürger kniet vor ihm nieder. Gefühle für Freiheit und Menschenadel waren früher in seiner Seele reif als Freundschaft für Karlos; dieser Zweig wurde erst nachher auf diesen stärkern Stamm gepfropft. Selbst in dem Augenblick, wo sein Stolz durch das große Opfer seines Freundes bezwungen ist, verliert er den Fürstensohn nicht aus den Augen. „Ich will bezahlen", sagt er, „wenn Du – König bist." Ist es möglich, dass sich in einem so jungen Herzen bei diesem lebendigen und immer gegenwärtigen Gefühl der Ungleichheit ihres Standes Freundschaft erzeugen konnte, deren wesentliche Bedingung doch Gleichheit ist? (...)

Aus: Friedrich Schiller, *Don Karlos*, Editionen für den Literaturunterricht, Ernst Klett Verlag, Stuttgart/Leipzig 2007, S. 224 f.

Aufgabenstellung:

Überprüfen Sie, ob die von Schiller vorgetragene Argumentation in diesem Textauszug tragfähig ist für eine Gesamtinterpretation des Dramas.

1. Erstes Überfliegen des Textes – Aufgabenstellung erfassen → 2. → 3. → 4. → 5. → 6.

Überfliegen Sie den Text und verschaffen Sie sich so ein erstes Verständnis.

Wer spricht	►	1. Figur
mit wem	►	2. Figur
in welcher Situation	►	Ort, Zeit, Handlung
worüber	►	Themen
wozu?	►	Intentionen, Interessen

Formulieren Sie anschließend eine oder mehrere Verstehenshypothesen zum Text.

Schiller äußert sich über „Don Karlos" – Wendet sich gegen Deutung seines Dramas – Kein Freundschaftsdrama – Ein Charakter wie Posa will Höheres.
Das höchste Interesse Marquis Posas und das Ziel dieses Dramas sind das kosmopolitische Ideal der Freiheit.

Lesen Sie die Aufgabenstellung durch und achten Sie vor allem auf die Arbeitsanweisungen (Operatoren). Der Operator „Überprüfen" fordert von Ihnen eine argumentative Entfaltung eines fachspezifischen Sachverhalts. Überprüft werden soll, „ob die von Schiller vorgetragene Argumentation tragfähig ist für eine Gesamtinterpretation des Dramas". Daraus ergeben sich zwei Aspekte der Aufgabenstellung:

1. Die vorgetragene Argumentation in diesem Textauszug muss analysiert werden (ca. ⅓).
2. Die Tragfähigkeit dieser Argumentation muss daraufhin überprüft werden, ob von ihr aus eine Gesamtinterpretation des Dramas möglich wird (ca. ⅔ der Klausur).

1. → **2. Text aspektorientiert erschließen** → 3. → 4. → 5. → 6.

Analysieren Sie den Text im Einzelnen unter Ihnen sinnvoll erscheinenden Erschließungsaspekten wie z. B. Gliederung, Thesen und Argumente herausarbeiten, Argumentationsweise aufzeigen, Untersuchung von Sprache und Bildern. Auch wenn Sie – wie in diesem Fall – die Texte unter einer konkreten Fragestellung untersuchen sollen, ist eine eingehende Textbearbeitung unerlässlich. Arbeiten Sie dabei sorgfältig am Text und machen Sie sich Notizen zu Ihren Untersuchungsergebnissen.

Teilschritt: Inhalt sichern

Lesen Sie den Text mehrfach durch. Sie können eine Abschnittgliederung des Textes vornehmen und die Abschnitte mit Überschriften versehen oder in einem Satz zusammenfassen. Zusätzlich können Sie

- **Schlüsselwörter** im Text markieren und „vernetzen"
- **Randnotizen** machen.

1. Abschnitt (Z. 1–14): Kein Freundschaftsdrama?
2. Abschnitt (Z. 15–31): Marquis Posa ein schöpferischer Geist schon in jungen Jahren, der sich ein Wirkungsfeld sucht
3. Abschnitt (Z. 32–41): Freundschaft gründet auf Seiten Posas nicht auf Übereinstimmung, er sucht den Fürstensohn in Karlos

Teilschritt: Thesen des Textes erfassen

Da Sie bei dem vorgestellten Aufgabentyp in erster Linie den Argumentationsansatz und die Argumentationsweise beschreiben und erklären sollen, geht es bei der Textanalyse besonders darum, die zentralen Thesen und Argumente des Briefes herauszuarbeiten. Thesen erkennen Sie gut an ihrem **Behauptungscharakter.**

Fassen Sie die zentralen Thesen zusammen.

Teilschritt: Argumentationsweise untersuchen

Versuchen Sie, die innere Logik des Textes nachzuvollziehen. Im Idealfall wird eine These durch ein oder mehrere Argumente gestützt und diese wiederum durch ein oder mehrere Beispiele. Anschließend wird eine Schlussfolgerung gezogen, die meist wieder die These bestätigt.

1. These: Don Karlos ist ein Freundschaftsdrama.
2. Gegenthese: Sowohl der Charakter Marquis Posas wie auch seine wichtigen Handlungen stehen im Widerspruch zu dieser These.

2.1 Argument I: Es geht Marquis Posa von Anfang an weniger um Freundschaft, sondern entscheidend mehr um gemeinsame Ideale.

2.2 Argument II: Marquis Posa sucht für seine Ideale einen geeigneten Stoff, den er in Don Karlos, dem zukünftigen König von Spanien, findet.

2.3 Textbeleg/Beispiel: „Ich will bezahlen, wenn du König bist …"

Teilschritt: Sprache und rhetorische Mittel untersuchen

Sprachliche und rhetorische Mittel werden gezielt eingesetzt, um den Inhalt anschaulich und eindrucksvoll zu gestalten. Welche sprachlichen und rhetorischen Mittel setzt Schiller ein?

Schiller wählt die Textsorte Brief, um in einem fiktiven Gespräch auf Deutungen seines Stücks einzugehen.
Er beginnt mit einer Fragenkette, um mögliche Deutungen zu entkräften.
Aufzählungen veranschaulichen Schillers Gedanken: „Harmonie der Gefühle" (Z.19ff.)
Bilder und Metaphern bekräftigen seine Argumente: „Karlos öffnet ihm seine Arme; der junge Weltbürger kniet vor ihm nieder." (Z.34f.), „Dieser Zweig wurde erst nachher auf diesen stärkern Stamm gepfropft." (Z.34f.)
Durch „schmückende Beiwörter" treten die Inhalte abstrakter Begriffe deutlich hervor: „leidenschaftliche Freundschaft" (Z.1f.); „schwärmerische Freundschaft" (Z.5).

Teilschritt: These zur Textdeutung formulieren

Nach dieser Textuntersuchung sollte es Ihnen möglich sein, eine abschließende Deutungsthese zu formulieren. Ihre Formulierungen sollten möglichst prägnant sein, weil diese Zusammenfassung der Ausgangspunkt für Ihre anschließende Texterörterung sein wird.

Formulieren Sie eine These zur Textdeutung.

Schiller stellt in seinem Brief die Behauptung auf, dass die Freundschaft zwischen Don Karlos und Marquis Posa nicht das zentrale Thema des Dramas ist, ja überhaupt nicht sein kann, weil dies sowohl dem Charakter Marquis Posas wie auch seinen wichtigen Handlungen zuwiderläuft.

Mit diesem Schritt beginnt der Hauptteil dieser Aufgabenart: Ihre Erörterung des Sachverhalts, die sich zunächst kritisch mit der Argumentation des Ausgangstextes auseinandersetzt, sodann auf eigene Überlegungen zurückgreift, um so schließlich eine eigenständige Stellungnahme zu entfalten.

Beantworten Sie für sich folgende Fragen:

- Stimmen Sie der Hauptaussage des Schiller-Textes *grundsätzlich* zu oder möchten Sie diese teilweise ergänzen bzw. korrigieren?
- Gibt es *einzelne* Thesen des Ausgangstextes, die Sie ergänzen bzw. korrigieren wollen?
- Kennen Sie *andere* Begründungen und Beispiele für die Thesen des Ausgangstextes?
- Haben Sie begründete Thesen zur Ausgangsfrage, die im Ausgangstext nicht angesprochen wurden?

✎ Formulieren Sie Ihre Position zu der Ausgangsfrage.

> Die von Schiller vorgebrachten Argumente sind grundsätzlich überzeugend. Dies lässt sich durch Analyse der Szenen I,2 und I,9 belegen, da hier bereits deutlich wird, dass Marquis Posa politische Ziele verfolgt und die Freundschaft zu Don Karlos diesen Zielen unterordnet. Diese politische Zielsetzung Marquis Posas kann als „roter Faden" für die Entwicklung des dramatischen Geschehens verstanden werden.

Welche Handlungen Posas im weiteren Verlauf des Dramas stützen Ihre Position? Denken Sie an sein Verhalten Don Karlos, dem König, der Königin gegenüber. In welchen Szenen wird deutlich, dass Posas Handlungen von politischen Zielen bestimmt sind, nicht vom Freundschaftsgedanken? Gibt es Hinweise in der dramaturgischen Gestaltung des Stückes, die Ihre Position stärken? Denken Sie an den Aufbau des klassischen Dramas mit dem Höhepunkt in III,10.

✎ Suchen Sie weitere Belege im Text für Ihre Position.

> II,15: Marquis zu Don Karlos: „Ja, einst/Einst wars ganz anders. Da warst du so reich,/So warm, so reich! Ein ganzer Weltkreis hatte/In deinem weiten Busen Raum …" (V. 2411 ff.)
> III,10: Marquis zum König: „Gehen Sie Europens Königen voran./Ein Federzug von dieser Hand, und neu/Erschaffen wird die Erde. Geben Sie/Gedankenfreiheit." … (V. 3211 ff.)
> IV,3: Marquis zur Königin über Don Karlos: „Er soll/Dem König ungehorsam werden, soll/Nach Brüssel heimlich sich begeben, wo/Mit offnen Armen die Flamänder ihn/Erwarten. Alle Niederlande stehen/Auf seiner Losung. Die gute Sache/Wird stark durch einen Königssohn." (V. 3466 f.)
> IV,21: Marquis zur Königin über Don Karlos: „Und sagen Sie ihm, dass/Ich Menschenglück auf seine Seele lege,/Dass ich es sterbend von ihm fordre – fordre!" (V. 4296 ff.)

✎ Nun ist es kein Zufall, dass Schillers Zeitgenossen das Stück als Freundschaftsdrama interpretierten. Tragen Sie Textzitate und Szenen zusammen, die für diese Deutung sprechen, und überlegen Sie, wie sich diese zeitgenössische Deutung widerlegen lässt.

> IV,21: „Mir ward/Ein Glück, wie es nur wenigen geworden:/Ich liebte einen Fürstensohn – Mein Herz,/Nur einem Einzigen geweiht, umschloss/Die ganze Welt! – In meines Karlos Seele/Schuf ich ein Paradies für Millionen." (V. 4253 ff.)

1. → 2. → 3. → **4. Gliederung erstellen** → 5. → 6.

Beginnen Sie mit der schriftlichen Ausarbeitung erst, nachdem Sie eine **Gliederung** erstellt haben, an der Sie sich während des Schreibens orientieren können. Gliedern Sie Ihre Ergebnisse, wenn die Aufgabenstellung nicht etwas anderes vorsieht, nach dem bewährten **Einleitung-Hauptteil-Schluss-Prinzip**. Hinweise zur Gestaltung von Einleitung und Schluss finden Sie bei der Musterklausur 1 (vgl. S. 11).
Wesentliche Elemente der Gliederung ergeben sich aus der Art der Aufgabenstellung und den Aspekten der Untersuchung. Sie sollten einsetzen mit einer kurzen Analyse des Schillertextes, dabei seine wichtigste These vortragen und skizzieren, wie Schiller seine These argumentativ unterstützt.

Einleitung:
Präsentation des Textes (Titel, Textsorte, Verfasser, Entstehungszeit oder Jahr der Veröffentlichung, Thema, Deutungsthese, biografische Umstände, ...)

Hauptteil:
1. Teilaufgabe
1.1 Schillers Ausgangsthese
1.2 Schillers Argumentationsweise
1.3 Schillers Schlussfolgerung

2. Teilaufgabe
2.1 Schillers Schlussfolgerung als Ausgangsthese eigener Überlegungen
2.2 Das Freundschaftsdrama als Missverständnis
2.2.1 Das im Text angelegte Missverständnis
2.2.2 Das epochentypische Missverständnis
2.3 Don Karlos als politisches Aufklärungsdrama

Schluss:
- ethisches Problem der Instrumentalisierung von Menschen, das sich mit der Durchsetzung politischer Ideen verknüpft

1. → 2. → 3. → 4. → **5. Klausur schreiben** → 6.

Formulieren Sie Ihre Gedanken wie in der Gliederung festgelegt. Bemühen Sie sich um gedankliche Genauigkeit und Schlüssigkeit Ihrer Ausführungen und um eine angemessene Art der Darstellung. Zeigen Sie, dass Sie den Text genau gelesen haben. Fügen Sie dazu gezielt (und korrekt!) Zitate ein. Achten Sie aber darauf, dass die Zitate, die Sie auswählen, prägnant im Stil und präzise in der Aussage sind. Zu lange Zitate wecken den Verdacht, dass Sie den Text nicht richtig verstanden haben bzw. nicht in der Lage sind, selbstständig zu formulieren.

Einleitung:
Sogleich nach Erscheinen der Buchausgabe des „Don Karlos" (1787) wurden Fragen laut, die die Einheit des Dramas in Frage stellten. Ist es eine Familientragödie, in deren Mittelpunkt eine unglückliche Liebe steht? Oder ein Freundschaftsdrama, in dem auch politische Ideen thematisiert werden? Diese Fragen veranlassten Schiller, sich in seinen „Briefen über Don Karlos", die er 1788 veröffentlichte, kritisch mit den Einwänden auseinanderzusetzen. Von dort aus entwickelt Schiller einen neuen Deutungsansatz: In „Don Karlos" geht es um „Wahrheit, Freiheit und Tugend". (Z. 20 f.)

Hauptteil:

1. Teilaufgabe: Schillers These über „Don Karlos"

Schiller stellt in diesem Textauszug aus seinen „Briefen über Don Karlos" die These auf, dass sein Drama nicht als Freundschaftsdrama missverstanden werden könne, wenn man es genau lese. Eine Interpretation seines Dramas als Freundschaftsdrama rühre weniger vom Drama selbst her als vielmehr aus der Perspektive des Betrachters; denn natürlich könne „leidenschaftliche Freundschaft" (Z.1) wie „leidenschaftliche Liebe" (Z.2) zentraler Gegenstand eines Dramas sein. Aber dies treffe für „Don Karlos" nicht zu. Und nach Schiller lässt sich dies belegen „aus dem ganzen Zusammenhang" (Z.9) des Stückes sowie aus dem „Charakter des Marquis" (Z.10). Mehr noch, gerade „aus seinen schönsten Handlungen" (Z.12), die man dem Freundschaftsgedanken zuschreibt, lasse sich erkennen, dass Freundschaft nicht die Triebfeder für diese Handlungen gewesen sein könne. Um den Leser auf seine Seite zu ziehen, formuliert Schiller seine Argumentation als eine Fragenkette, die er dann im weiteren Text beantwortet.

Schiller räumt zunächst ein, dass das erste Auftreten dieser beiden Figuren das Gefühl der Freundschaft als zentrales Motiv der folgenden Handlungen hätte erscheinen lassen können. Dagegen wendet er ein, eine genauere Lektüre mache sofort deutlich, dass dies nicht das Motiv von Marquis Posa sein könne. Zwar hätten Karlos und Posa in ihrer Jugend die gleichen politischen Vorstellungen geteilt: „ein gleicher Enthusiasmus für Wahrheit, Freiheit und Tugend hatte sie damals aneinandergeknüpft." (Z.20f.) Und der Freundschaftsgedanke wird seit dieser Zeit immer wieder von Don Karlos angeführt, während für Marquis Posa der Freiheitsgedanke das Wichtigste ist: „Gefühle für Freiheit und Menschenadel waren früher in seiner Seele reif als Freundschaft für Karlos."(Z.35f.) Und so folgert Schiller: Don Karlos, der Infant von Spanien, sei für Marquis Posa von allem Anfang an ein Mittel für die Realisierung seiner politischen Ideen gewesen, selbst noch in dem Augenblick, als Don Karlos seinen Freund schützte und sich für ihn vom König bestrafen ließ. Und er begründet diese Schlussfolgerung durch die Aussage Marquis Posas nach dieser Prügelstrafe: „Ich will bezahlen, wenn du König bist." (V.260)

Um seine Argumentation zu stützen, wählt Schiller die Textform „Brief"; denn so kann er genau die Einwände formulieren, die er entkräften will. Während er im ersten Teil die Thesen und Einwände nur als Fragenkette formuliert, veranschaulicht er im weiteren Text seine Gedanken durch Aufzählungen und untermauert so deren Zuverlässigkeit und Überzeugungskraft: „Harmonie der Gefühle, eine gleiche Liebhaberei für das Große und Schöne, ein gleicher Enthusiasmus für Wahrheit, Freiheit und Tugend hatte sie damals aneinandergeknüpft." (Z.19ff.) Und in dieser Aufzählung werden dann die eigentlichen Motive Marquis Posas und des Stückes benannt: „Wahrheit, Freiheit, Tugend" – das sind die Aufklärungsideale. Und durch Bilder und Metaphern veranschaulicht und bekräftigt Schiller seine Argumente: „Karlos öffnet ihm seine Arme; der junge Weltbürger kniet vor ihm nieder." (Z.34f.) Dies bedeutet: Don Karlos sucht die Freundschaft, Marquis Posa sieht in ihm den zukünftigen König.

2. Teilaufgabe

Die von Schiller angeführten Argumente und Textbelege sind aus meiner Sicht überzeugend dargestellt und anschaulich am Dramentext belegt. So wird gleich beim ersten Zusammentreffen zwischen Don Karlos und Marquis Posa deutlich, welch unterschiedliche Einstellungen und Erwartungen beide haben. Don Karlos begrüßt Marquis Posa mit Fragen und Ausrufen, während Marquis Posa nur eine vertrauliche Feststellung macht:

Karlos: „Wer kommt? – Was seh ich? Oh ihr guten Geister! Mein Roderich!
Marquis: Mein Karlos.

Karlos: Ist es möglich?
Ists wahr? Ists wirklich? Bist dus? – O, du bists." (V. 128 ff.)
Dieser Enthusiasmus, mit dem Don Karlos seinen Jugendgefährten begrüßt, könnte den Betrachter „irreführen", wie Schiller schreibt. Auch in der weiteren Wortwahl Don Karlos' wird seine schwärmerische Freundschaft zu Marquis Posa ausgesprochen: „Ich drück an meine Seele dich [...]. In dieser/Umarmung heilt mein krankes Herz. Ich liege/Am Halse meines Roderich." (V. 131 ff.)
Diese leidenschaftliche Wortwahl ist typisch für die Epochen des Sturm und Drang und der Empfindsamkeit, die zur Zeit der Aufführung des „Don Karlos" in Deutschland vorherrschten. In beiden Epochen ging es zentral um Werte wie intensive, schwärmerische Freundschaft oder leidenschaftliche Liebe. Von daher ist das Missverständnis, „Don Karlos" als Freundschaftsdrama zu verstehen, aus der damaligen Zeit heraus verständlich. Aber diese Interpretation entspricht nicht dem Stück; denn Marquis Posa, der aus den besetzten Niederlanden kommt, wehrt diesen Enthusiasmus ab: „Vergebung,/mein teurer Prinz, wenn ich dies stürmische Entzücken mit Bestürzung nur erwidre." (V. 145 f.) Und um seine Einstellung noch deutlicher zu machen, fährt er fort: „Denn jetzt steh ich als Roderich nicht hier,/Nicht als des Knaben Karlos Spielgeselle –/Ein Abgeordneter der ganzen Menschheit" (V. 155 ff.). Marquis Posa versteht sich als „Freiheitskämpfer" für die unterdrückten Niederlande und in dieser politischen Mission will er auch Don Karlos begegnen.
Und auch in der neunten Szene des I. Aktes, in der Don Karlos seinem Freund die ‚Bruderschaft' anbietet, wird die politische Fundierung und Richtung dieser Freundschaft deutlich: „Jetzt zum König./Ich fürchte nichts mehr – Arm in Arm mit dir,/So fordr ich mein Jahrhundert in die Schranken." (V. 1011 f.). Don Karlos will die Bruderschaft mit Marquis Posa, weil er die Ständeordnung in der Gesellschaft und im Staat für ein „Possenspiel" (V. 929 f.) hält. Dennoch bleibt Don Karlos' Wunsch auf seinen Freund Marquis Posa ausgerichtet, während Marquis Posa auch in diesem Gespräch grundsätzlich auf die „Reizungen der unumschränkten Majestät" (V. 942 f.) und damit auf die politische Dimension hinweist.
Die politische Grundlage ihrer Freundschaft stellt Marquis Posa im letzten Gespräch vor dem entscheidenden Höhepunkt in III,10 heraus. In dieser 15. Szene des II. Aktes wirft Marquis Posa seinem Freund Karlos vor, dass der über seine Liebe zur Königin die gemeinsamen politischen Ideale vergessen habe: „O, Karl,/Wie arm bist du, wie bettelarm geworden,/Seitdem du niemand liebst als dich!" (V. 2419 ff.)
Nicht nur in den verschiedenen Dialogen zeigt sich, dass der Freiheitsgedanke von Marquis Posa dem Freundschaftsgedanken übergeordnet wird, sondern gerade auch in den konkreten Handlungen, die Marquis Posa zum Teil sogar ohne Wissen von Don Karlos ausführt. So zieht Marquis Posa die Königin auf seine Seite. Er überzeugt sie davon, dass sie Don Karlos auf die politische Aufgabe hinführen soll, die für ihn als Infanten von Spanien im Kampf um die Freiheit der Niederlande liege. Und so ist Marquis Posa bereit, eine politische Intrige zu inszenieren, ohne Don Karlos einzuweihen, nur weil er seine Ziele so am besten für durchsetzbar hält. An oberster Stelle stehen somit für Marquis Posa seine politischen Ziele und nicht seine Freundschaft, denn er benutzt in gewisser Weise seinen Freund Don Karlos für die Durchsetzung seiner politischen Ziele. Er instrumentalisiert Don Karlos nicht aus Freundschaft, sondern trotz seiner Freundschaft, weil er die politischen Ideale für das höchste Gut hält.
Aber darüber hinaus möchte ich auch noch auf den dramaturgischen Aufbau dieses Dramas verweisen, der ebenfalls unmissverständlich zeigt, dass die Freiheitsidee im Mittelpunkt dieses Dramas steht und nicht die Freundschaft zwischen Don Karlos und Marquis Posa. Als Marquis Posa im Gespräch mit Philipp II. die Möglichkeit sieht, den König für seine politischen Vorstellungen zu gewinnen,

ergreift er diese Gelegenheit ohne zu zögern (III,10). Und dieser große Monolog zwischen Marquis Posa und Philipp II. bildet den dramaturgischen Höhepunkt des ganzen Dramas. Marquis Posas Forderung nach „Gedankenfreiheit" ist es, die sein ganzes Handeln durchdringt und motiviert. Marquis Posa ist von dieser politischen Vorstellung so durchdrungen, dass er die politische Intrige inszeniert, die Strukturmerkmal des IV. und V. Aktes ist.

Schluss:
Schillers „Don Karlos" kann nur als Freundschaftsdrama interpretiert werden, wenn man die zentralen Merkmale dieses Dramas nicht beachtet. „Don Karlos" ist ein politisches Drama, das danach fragt, wie die Ideen der Aufklärung zu verwirklichen sind. Schiller selbst verlagert die Aufklärungsideen in das 16. Jahrhundert und zeigt auf, dass die damalige Zeit und die damaligen Menschen noch nicht reif für die Freiheit waren. Unter absoluten Machtverhältnissen gibt es keine Freiheit, mehr noch, die Verhältnisse provozieren sogar ein unfreies Verhalten der Mächtigen, die sich wie Philipp den absolutistischen Machtansprüchen unterstellen. Aber auch Marquis Posa handelt letztlich nicht frei. Er tritt zwar im Namen der Freiheit auf, aber er ist bereit, in deren Namen andere Menschen – den König, die Königin, sogar seinen Freund Don Karlos – zu instrumentalisieren. Und gerade diese politische und ethische Perspektive, die durch Schillers Drama „Don Karlos" eröffnet wird, zeigt die Aktualität seines Stückes; denn auch heute noch stellt sich das Problem: Darf man im Namen der Freiheit die Menschen – und sei es nur für eine vorübergehende Zeit – unfrei machen? Marquis Posa scheitert in „Don Karlos" mit seiner Überzeugung, mehr noch, er reißt alle, die ihm lieb und teuer sind, ins Verderben. Und zum Schluss triumphiert die alte absolute Macht.

1. → 2. → 3. → 4. → 5. → **6. Klausur überarbeiten**

Teilen Sie sich Ihre Zeit so ein, dass Sie Ihre Klausur am Schluss noch einmal gründlich unter folgenden Gesichtspunkten überarbeiten können.

1. Plausibilität (Stimmigkeit)

- Wird eine klare These formuliert?
- Wird die These begründet?
- Belegen die Argumente die These?
- Sind die Beispiele/Belege/Zitate den Argumenten sinnvoll zugeordnet und stützen sie die zentralen Thesen?
- Wird die Deutung durch die Einbeziehung von Kontexten (Biografie des Autors oder Epoche oder Zeitgeschichte ...) differenziert und vernetzt?
- Sind Begriffe und Fachtermini richtig verwendet?

2. Stringenz (Folgerichtigkeit)

- Ist die Gliederung stimmig?
- Wird sie eingehalten?
- Ist der Text aus sich heraus verständlich?
- Gibt es einen roten Faden?
- Sind die Ergebnisse sinnvoll miteinander verknüpft?
- Wird eine einheitliche, sachlich-analytische Stilebene eingehalten oder gibt es Stilbrüche?

Musterklausur 3

Rüdiger Safranski: Schillers „Don Karlos" (Auszug)

Es geht um das Problem der Freiheitsfähigkeit, das Schiller nach der Französischen Revolution in seinen ästhetischen Schriften ausführlich behandeln wird. Die Revolution, so wird er dort erklären, hat Menschen befreit, die selbst noch nicht innerlich frei, d.h. freiheitsfähig sind. Das aber führt zur Herrschaft des Pöbels, unten wie oben. Der Marquis Posa scheint für einen Augenblick diese Skepsis in Bezug auf die Freiheitsfähigkeit der Unterdrückten zu teilen. *Das Jahrhundert/Ist meinem Ideal nicht reif. Ich lebe/Ein Bürger derer, welche kommen werden* (Vers 3076–78). Aber diese Skepsis setzt der Marquis nur taktisch ein, denn als er merkt, wie sehr er Philipp in seinen Bann gezogen hat, fordert er vom König die sofortige Befreiung der flandrischen Staaten. (...)

Der Marquis Posa, berauscht von seiner enthusiastischen[1] Beredsamkeit, glaubt, er könne den König lenken, wie man den Führer führt. Er hat sich zur großen Politik emporgeschwungen. Den König aber plagt seine Eifersucht, und darum verlangt er vom Marquis Hilfe. Der Marquis, der Flandern befreien will, soll entwürdigende Spitzeldienste leisten: *Dränget Euch zu meinem Sohn,/Erforscht das Herz der Königin* (Vers 3345 f.).

Der Marquis Posa, eben noch im Höhenrausch seiner politischen Ambitionen[2], wird in den Schlamm der königlichen Intrige hinabgezogen. Wie soll er sich verhalten? Er könnte das Ansinnen des Königs zurückweisen und seine Freundschaft mit Karlos bekennen; das wäre aufrichtig, aber an seinen politischen Ambitionen gemessen, unklug. So lässt er sich zum Schein auf das königliche Ansinnen ein. Damit hintergeht er nicht nur den König, sondern auch seinen Freund Karlos, den er nicht in die neue Konstellation einweiht und den er nach seinen politischen Zwecken zu lenken versucht. Auch noch wenn er ihm hilft, hintergeht er ihn: *Warum/Dem Schlafenden die Wetterwolke zeigen,/Die über seinem Scheitel hängt?* (Vers 3646–48). Auch wenn er es gut meint, degradiert er die Personen, die ihm vertrauten, zu Werkzeugen seiner Zwecke und Pläne.

Sein oberster Zweck ist der enthusiastische Entwurf, den glücklichsten Zustand hervorzubringen, der der menschlichen Gesellschaft erreichbar ist (II, 253). Diesem Interesse ist alles untergeordnet, die Freundschaft mit Karlos, die Verehrung für die Königin und das Vertrauen, das der König dem Marquis entgegenbringt. Den Freund behandelt der Marquis wie einen Unmündigen, den man vor sich selbst schützen muss – er nimmt ihn tatsächlich in Schutzhaft – und dem man die Liebe zur Königin erklären (Vers 4340) muss, indem man diese Gefühle auf den Freiheitskampf lenkt. Ebenso werden die zarten Gefühle der Königin für Karlos politisch ausgebeutet, wogegen sich die Königin halb resignierend wehrt. (...)

Der Marquis glaubt, alles genau durchdacht zu haben, wie man den Prinzen vor dem Verdacht des Vaters schützt; wie man die Königin dafür gewinnt, bei Karlos Liebesverzicht und Freiheitsenthusiasmus zu bewirken, und wie man schließlich dem Prinzen zur Flucht nach Flandern verhelfen kann. Diese Pläne scheitern; Zufälle, Missverständnisse und die notorische Unübersichtlichkeit von Leben und Leidenschaft kommen dazwischen: *Wer ist der Mensch, der sich vermessen will,/Des Zufalls schweres Steuer zu regieren/Und doch nicht der Allwissende zu sein?* (Vers 4222–24).

Am Ende bleibt dem Marquis nur das Selbstopfer: Er lenkt den Verdacht einer unerlaubten Beziehung zur Königin auf sich selbst, um Karlos zu entlasten. Die Briefe, die für Karlos den Weg nach Flandern bahnen sollen, werden entdeckt. Der Prinz wird dem Großinquisitor überantwortet, Posa ist umsonst gestorben. Es triumphiert die alte Macht, unter deren Beobachtung der Marquis von Anfang an stand und die nur auf den rechten Augenblick gewartet hat, um das feingesponnene Netz der Verschwörung zu zerreißen. Die Inquisition erweist sich gegenüber dem revolutionären Komplott[3] als der mächtigere Geheimbund. Der Großinquisitor über den Marquis Posa: *Das Seil, an dem/Er flatterte, war lang, doch unzerreißbar* (Vers 5156 ff.)

Mit der Figur des Marquis Posa hat Friedrich Schiller drei Jahre vor der Revolution die Abgründe der revolutionären Moral aufgedeckt.

Posa liebt die Menschheit, und selbstverliebt begeistert er sich an seinen Taten, die dem Menschheitsglück dienen sollen. Selbstverständlich liebt er auch seinen Freund Karlos, aber doch nur stellvertretend für das Ganze: *In meines Karlos Seele/Schuf ich ein Paradies für Millionen* (Vers 4257 f.). Die Liebe zur Menschheit verschlingt die Liebe zum Einzelnen. So kommt es, dass der Marquis in den verhängnisvollen Fehler verfällt, sich *an fremder Freiheit zu vergreifen, die Achtung gegen andere Rechte … hintanzusetzen und nicht selten einen willkürlichsten Despotismus zu üben* (Schillers Werke, Bd. II, 261).

Die revolutionäre Moral verrät im Einzelfall, was sie für die Gesamtheit zu erstreben beansprucht: die Freiheit. Einerseits fordert sie, dass der Mensch sich selbst zum Zwecke werde, andererseits macht sie ihn zum Mittel ihrer Kalküle. Gewalttätigkeit, Heimlichkeit und Herrschsucht (II, 261) verbergen sich gern hinter den Masken des Freiheitskampfes.

In diesem Zusammenhang verweist Schiller, in seinen „Briefen über Don Karlos", ausdrücklich auf die verschwörerische Praxis der Illuminaten[4]. Im Namen der Vernunft und der Freiheit wird Robespierre wenig später die wirklichen Köpfe abschlagen lassen. Der Terror der Revolution ist im strategischen[5] Agieren Posas antizipiert[6]. Der Marquis erliegt der Verlockung der universellen[7] Vernunft, sich ihren Weg abzukürzen, ihr Geschäft zu vereinfachen und Individualitäten, die sie zerstreuen und verwirren, in Allgemeinheiten zu verwandeln (II, 261). Die Wege abkürzen bedeutet: Menschen benützen; wer die Menschheit beglücken will, wird sich vom Gewimmel der Individualitäten nicht aufhalten lassen wollen. Die Einzelnen in Allgemeinheiten verwandeln heißt: sie aufopfern. Der Marquis schreckt allerdings auch nicht davor zurück, sich selbst zu opfern. Das macht seinen menschlichen Adel aus und stellt den ursprünglichen Freundschaftsbund auf tragische Weise wieder her. Und doch bleibt auch bei diesem Selbstopfer der Verdacht zurück, den die Königin dem Marquis gegenüber formuliert: *Sie stürzten sich in diese Tat, die Sie/Erhaben nennen …/Ich kenne Sie, Sie haben längst darnach/Gedürstet – Mögen tausend Herzen brechen,/Was kümmert Sies, wenn sich Ihr Stolz nur weidet* (Vers 4380–84).

Schiller thematisiert das prekäre[8] Verhältnis von Moral und Hypermoral[9]. Er zeigt, dass die natürliche moralische Intuition, die sich an den Umgang mit dem einzelnen konkreten Menschen knüpft, verlässlicher ist als die ausgedachten Moralprinzipien, die aufs Ganze gehen.

Gewiss, aus der innigen Freundschaft zwischen Karlos und dem Marquis sind die Träume des Menschheitsglücks erwachsen, und es sind wunderbare Worte, die der Marquis kurz vor seinem Tod dem Freund durch die Königin übermitteln lässt: *Sagen Sie/Ihm, dass er für die Träume seiner Jugend/Soll Achtung tragen, wenn er Mann sein wird* (Vers 4287–89). Diese Träume nicht zu verraten und doch auch den einzelnen, den konkreten Menschen nicht zu vergessen – das ist die humane Aufgabe, an der der Marquis Posa scheitert.

Aus: Rüdiger Safranski, *Friedrich Schiller oder Die Erfindung des Deutschen Idealismus* , S. 254 ff.

Worterklärungen: *1 begeistert, „heilig" ergriffen; 2 Bestrebung, Ehrgeiz; 3 Verschwörung; 4 Geheimbund zur Verbreitung der Aufklärung; 5 geplantes Vorgehen zur Verwirklichung eines Zieles; 6 vorweggenommen; 7 allgemein; 8 heikel, schwierig; 9 Übermoral; eine Moral, die den konkreten Moralentwürfen übergeordnet ist*

Aufgabenstellung:

1. Analysieren Sie diesen Textauszug.
2. Nehmen Sie zur Position Safranskis auf der Grundlage Ihres Verständnisses von Schillers „Don Karlos" Stellung.

1. Erstes Überfliegen des Textes – Aufgabenstellung erfassen → 2. → 3. → 4. → 5. → 6.

Überfliegen Sie den Text von Rüdiger Safranski und verschaffen Sie sich so ein erstes Verständnis.

Wer spricht	►	1. Figur (Autor)
mit wem	►	2. Figur (Leser)
in welcher Situation	►	Ort, Zeit, Handlung
worüber	►	Themen
wozu?	►	Intentionen, Interessen

Formulieren Sie anschließend ein oder zwei Verstehenshypothesen zum Text.

Safranski macht sich Gedanken, ob der Mensch zur Freiheit fähig ist – Widersprüche revolutionärer Moral werden aufgezeigt.

Lesen Sie nun die Aufgabenstellung und achten Sie vor allem auf die Arbeitsanweisungen (Operatoren).

Die erste Teilaufgabe (Hauptaufgabe) verlangt die Analyse eines Sachtextes. Dazu gehören folgende Aspekte: Darlegung der zentralen Aussageabsichten, Bestimmung der Argumentationsweise, Erläuterung der sprachlichen Mittel sowie begründete Schlussfolgerung(en) über Aussage, Argumentation und intendierte Wirkung.

Die zweite Teilaufgabe verlangt eine Stellungnahme von Ihnen. Stellungnahme bedeutet, eine Wertung und Beurteilung der Position Safranskis durchführen. Dabei sollen Sie Ihr eigenes Textverständnis von Schillers „Don Karlos" zur Grundlage nehmen. Dies bedeutet: Sie sollen sich auf das gesamte Drama beziehen, müssen aber Ihr Gesamtverständnis durch konkrete Textbelege und Szenenhinweise erläutern.

1. → **2. Text aspektorientiert erschließen** → 3. → 4. → 5. → 6.

Analysieren Sie den Text im Einzelnen unter Ihnen sinnvoll erscheinenden Erschließungsaspekten. Sinnvolle Kategorien sind in der Regel: Gliederung des Textes untersuchen, Thesen und Argumente herausarbeiten, Argumentationsgang aufzeigen, sprachliche und rhetorische Mittel herausfinden. Sie müssen von Fall zu Fall selbst entscheiden, ob Sie auch historische Hintergründe, biografische Einflüsse und Ähnliches untersuchen sollten. Arbeiten Sie dabei sorgfältig am Text und machen Sie sich Notizen zu ihren Untersuchungsergebnissen.

Teilschritt: Inhalt sichern

Erschließen Sie diesen Text, indem Sie die Methoden der Sachtextanalyse anwenden.
Lesen Sie den Text durch und gliedern Sie ihn in Sinnabschnitte. Fassen Sie die einzelnen Abschnitte in einem Satz zusammen oder formulieren Sie eine kurze Überschrift. Sie können dabei

- **Schlüsselwörter** im Text unterstreichen/markieren und „vernetzen".
- **Randnotizen** machen.

1. Abschnitt (Z. 1-9): Revolution macht Menschen frei, die dafür nicht reif sind
2. Abschnitt (Z. 10-24): Marquis Posas doppeldeutiges Verhalten.

Setzen Sie die Auflistung fort.

Teilschritt: Thesen des Textes erfassen

Ermitteln Sie nun die wichtigsten Behauptungen und Thesen des Textes. In der Regel lassen sich Thesen in Reden (z. B. bei Politikern) recht gut an ihrem Behauptungs- oder Appellcharakter erkennen.
Beachten Sie: Thesen kommen häufig in Frageform daher. Achten Sie auch auf Leitbegriffe und wiederkehrende Wendungen. Sie geben Hinweise auf mögliche Thesen und Fragestellungen.

Halten Sie die wichtigsten Thesen des Textauszuges fest.

1. Die Revolution macht Menschen frei, die noch nicht freiheitsfähig sind.
2. Die Widersprüche revolutionärer Moral zeigen sich am Beispiel Marquis Posas.
3. Eine eher intuitive moralische Grundhaltung ist letztlich verlässlicher als eine abstrakte, aus Prinzipien entwickelte Moral.

Teilschritt: Argumentationsweise untersuchen

Versuchen Sie, **die innere Logik des Textes** nachzuvollziehen. Im Idealfall wird eine These durch ein oder mehrere Argumente gestützt und diese wiederum durch ein oder mehrere Beispiele. Anschließend wird eine Schlussfolgerung gezogen, die meist wieder die These bestätigt.

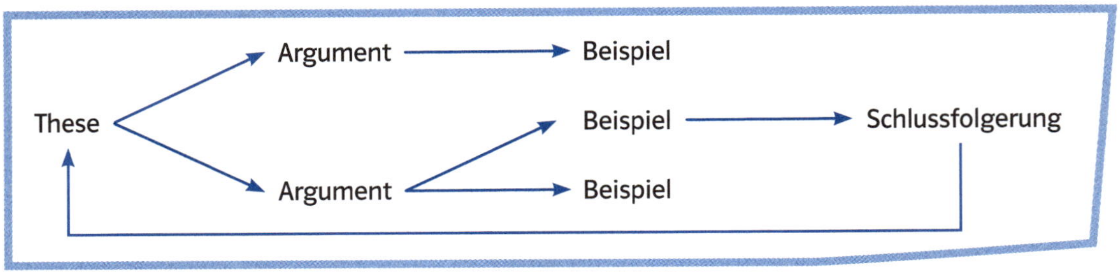

Untersuchen Sie, auf welche Weise Rüdiger Safranski sein Ausgangsproblem gedanklich entwickelt, indem er Thesen, Argumente und Belege miteinander verknüpft.

1. Ausgangsproblem: Das Problem der Freiheitsfähigkeit besteht darin, dass die Revolution Menschen frei macht, die noch nicht reif für die Freiheit sind.
1.1 Folgerung: Dies führt zur „Herrschaft des Pöbels".
1.2 Erläuterung: Auch Marquis Posa scheint diese Skepsis zu teilen (V. 3076 ff).
1.3 These: Marquis Posa teilt diese Skepsis nicht wirklich. Er durchschaut nicht die Tragweite dieses Problems.
1.4 Begründung: Er fordert von Philipp die Befreiung Flanderns, obwohl er das Jahrhundert noch nicht für reif genug hält.

2. Weitere Begründungen und Erläuterungen der These durch Marquis Posas Verhalten und durch den Fortgang der Handlung
2.1 Begründung: Marquis Posa will Flandern befreien und lässt sich deshalb – wenn auch nur scheinbar – auf Spitzeldienste ein.

…

3. These: Marquis Posa ist ein Beispiel für den Widerspruch in der revolutionären Moral.
3.1 Erläuterung: Posas Liebe zur Menschheit und seine Liebe zu Don Karlos

…

4. Schlussfolgerung: Der Vorrang einer natürlichen moralischen Intuition vor ausgedachten Moralprinzipien.

Safranski verwendet unterschiedliche Begründungsverfahren. Er beruft sich u. a. auf Schiller und dessen Werke, ähnliche Fälle oder zieht logische Schlussfolgerungen.

Finden Sie Beispiele im Text.

- Berufung auf den Dramentext (Z. 5 ff.; Z. 21 ff.)
- Berufung auf Schillers Gesamtwerk (Z. 2 f.)
- Berufung auf analoge Fälle (Z. 62 f.)
- Logische Schlussfolgerung (Z. 7 f.)

Der Autor benutzt verschiedene Darstellungsprinzipien, um dem Leser seine Ansicht zu vermitteln. Suchen Sie Beispiele.

- Aktualisierung (Z. 76)
- Versinnlichung (Z. 10, Z. 13, Z. 53)
- Verallgemeinerung (Z. 48 f., Z. 59 f.)
- Konkretisierung (Z. 1 f., Z. 61 f., Z. 62 f.)

Teilschritt: Sprache und rhetorische Mittel untersuchen

Rhetorische Mittel werden gezielt eingesetzt, um bestimmte Wirkungen zu erzielen. Häufig dienen sie in Reden der Emotionalisierung, der Kontrastierung und der Intensivierung der Aussage. Sie sollen dabei helfen, dass der Redner nicht nur gute Argumente bringt, sondern damit auch überzeugen kann.

Welche rhetorischen Mittel fallen auf.

Stilmittel	***Beispiel/Beleg***	***Funktion***
Paradox	„Herrschaft des Pöbels, unten wie oben" (Z. 4)	Der Begriff „Pöbel" wird ausgeweitet nach „oben"
Hypotaxe	...	...
Antithese	...	...
Parallelismus	...	...
Klimax	...	...

Teilschritt: textüberschreitende Aspekte untersuchen

Nachdem nun die wichtigsten textimmanenten Untersuchungsaspekte bearbeitet wurden, sollten Sie überlegen, ob textüberschreitende Gesichtspunkte sinnvoll sind für die Textanalyse. Um welchen Buchtyp handelt es sich bei Safranskis Werk? Wen oder welches Publikum hatte der Autor vor Augen? Im Falle des vorliegenden Textes handelt es sich um einen Auszug aus einer Biografie, die der Philosoph Rüdiger Safranski anlässlich des 200. Todestages Schillers (9. Mai 2005) verfasst hat.

Welches Publikum (Schicht, Bildung) hat Safranski wohl beim Schreiben vor Augen? Inwieweit könnte dieser Adressatenbezug aufschlussreich für die Argumentation in diesem Textauszug sein?

Biografie – wissenschaftlich abgesichert – seriös – für ein gebildetes Publikum, das belehrt und vermutlich auch unterhalten sein will – deshalb eher essayistischer Stil – geschliffen und geistreich – zielt auch auf Denkanstöße ab

Teilschritt: Thesen zur Textdeutung formulieren

Formulieren Sie die zentrale(n) Deutungsthese(n) des Textes.

Das Problem der Freiheitsfähigkeit ist das zentrale Problem in „Don Karlos". Dies zeigt sich besonders an der Figur des Marquis Posa. Einerseits fordert er vom König „Gedankenfreiheit" und die Freiheit der Niederlande, andererseits ist er bereit, im Namen der Freiheit die Freiheitsrechte anderer einzuschränken. Wenn im konkreten revolutionären Handeln die Grundideen dieser Revolution letztlich verraten werden, sind auch die Revolutionäre nicht immer freiheitsfähig. Daraus ergibt sich das Problem, wie dieses Verhalten moralisch gerechtfertigt werden kann. Von daher wird auch deutlich, dass intuitives moralisches Gefühl in konkreten Handlungen tragfähiger ist als die abstrakten, auf das Allgemeine hin ausgedachten Moralvorstellungen.

1. → 2. → **3. Eigenständige Position erarbeiten** → 4. → 5. → 6.

Zur Lösung des 2. Aufgabenteils sollten Sie zunächst Gesichtspunkte sammeln, diese stichwortartig festhalten und dann sinnvoll ordnen. Überlegen Sie zunächst:

- Stimmen Sie der Hauptaussage des Vorlagentextes grundsätzlich zu?
- Gibt es einzelne Thesen des Ausgangstextes, die Sie ergänzen bzw. korrigieren wollen?
- Kennen Sie andere Begründungen und Beispiele für die Thesen des Ausgangstextes?
- Haben Sie begründete Thesen zur Ausgangsfrage, die im Ausgangstext nicht angesprochen worden sind?

Im Folgenden gehen wir davon aus, dass Sie der zentralen Textaussage Safranskis zwar grundsätzlich zustimmen, aber auch noch einige Ergänzungen vortragen und auf weitere Fragen hinweisen wollen.

Argument/Beispiel	***Zustimmung***	***Ergänzung***
Marquis Posa weiß, dass sein Jahrhundert noch nicht reif ist für die Freiheit. Daher verhält er sich zu Philipp taktisch.	Nur teilweise, weil das „taktische Verhalten" nicht eindeutig nachzuweisen ist.	Marquis Posa vertritt Rousseaus Menschenbild: Der Mensch ist von Natur aus frei, damit grundsätzlich „freiheitsfähig".
Marquis Posa vertritt andere Interessen als der König.	Zustimmung	...
Marquis Posa verhält sich zu Don Karlos zwar unwahrhaftig, aber politisch klug.	...	...
Ist diese Dialektik revolutionären Handelns nicht ein Dilemma, das nicht auflösbar ist?	...	Büchners Drama „Dantons Tod" wirft ebenfalls dieses Dilemma auf. Die Revolution frisst ihre Kinder!

Formulieren Sie Ihr Gesamtverständnis von Schillers „Don Karlos" möglichst prägnant. Ergänzen Sie dazu stichwortartig den folgenden Interpretationsansatz.

Im Zentrum dieses Dramas steht der politische Freiheitsgedanke, auch wenn Schiller zu Beginn der Arbeit ursprünglich ein Familiendrama am königlichen Hofe im Sinn gehabt hatte. Der Titelheld Don Karlos, der noch stark an die Sturm-und-Drang-Protagonisten erinnert, wird dramaturgisch von Marquis Posa immer weiter an den Rand gedrängt. Bereits bei der ersten Begegnung Marquis Posas mit Don Karlos wird die politische Dimension durch Marquis Posa betont und bestimmt so die dramaturgische Exposition des I. Aktes (Szene I,2). Im II. Akt wird dramaturgisch der zentrale Konflikt gesteigert, weil Marquis Posa Don Karlos dazu bewegt, die Befreiung Flanderns zu seinem Anliegen zu machen. Die große Auseinandersetzung Marquis Posas mit König Philipp bildet dramaturgisch den Höhepunkt (III,10) ...

1. → 2. → 3. → **4. Gliederung erstellen** → 5. → 6.

Beginnen Sie mit der schriftlichen Ausarbeitung erst, nachdem Sie eine Gliederung erstellt haben, an der Sie sich während des Schreibens orientieren können.
Gliedern Sie Ihre Ergebnisse, wenn die Aufgabenstellung nicht etwas anderes vorsieht, nach dem bewährten **Einleitung-Hauptteil-Schluss-Prinzip**. Wesentliche Elemente der Gliederung ergeben sich aus der Art der Aufgabenstellung und den Aspekten der Untersuchung.

Einleitung:
Text präsentieren (Titel, Textsorte, Verfasser, Entstehungsdatum, Thema, Deutungsthese, evtl. Hinweise zur Art des Vorgehens)

Hauptteil:

1. Teilaufgabe
1. Das Grundproblem nach Safranski: die Freiheitsfähigkeit der Menschen
2. Die inhaltliche, gedankliche und sprachliche Entfaltung der Argumentation bei Safranski
2.1 Erläuterung dieses Grundproblems
2.2 Marquis Posa verstrickt sich durch sein Verhalten in dieses Grundproblem
- verhält sich politisch klug, statt wahrhaftig zu sein
- ordnet dem politischen Interesse alles unter
2.3 Marquis Posa ist exemplarisch für die Widersprüche der revolutionären Moral
3. Die natürliche moralische Intuition ist tragfähiger als abstrakte Moralprinzipien.

2. Teilaufgabe
1. Safranskis Perspektive: „Don Karlos" als Aufklärungsdrama über politisches Handeln
2. Diese These trägt das Drama.
3. Sie stimmt mit Schillers eigenem Verständnis überein.
4. Sie macht deutlich, wie aktuell Schillers „Don Karlos" heute ist.

Schluss:

Formulieren Sie Ihre Gedanken wie in der Gliederung festgelegt. Bemühen Sie sich um gedankliche Genauigkeit und Schlüssigkeit Ihrer Ausführungen und um eine angemessene Art der Darstellung.

Einleitung:
Zum Schillerjahr 2005 hat der Literaturwissenschaftler und Philosoph Rüdiger Safranski eine Biografie Schillers veröffentlicht. In dem vorliegenden Textauszug vertritt er die Ansicht, dass „das Problem der Freiheitsfähigkeit" (Z.1) in Schillers Denken und gerade auch in seinem Drama „Don Karlos" von zentraler Bedeutung sei. Mit der Freiheitsfähigkeit ist ein grundlegendes moralisches Problem verknüpft: Die revolutionäre Moral nimmt für sich in Anspruch, jeder konkreten Moral übergeordnet zu sein. In letzter Konsequenz bedeutet dies: Um der allgemeinen Freiheit willen darf die Freiheit des einzelnen Menschen unterdrückt werden. Thematisiere Schiller dieses Problem in „Don Karlos" noch vor der Französischen Revolution in der Hauptfigur und im zentralen Konflikt dieses Dramas, so reflektiere er dieses Problem nach der Französischen Revolution in seinen ästhetischen Schriften ausführlich.

Hauptteil:
1. Teilaufgabe
Was ist mit der „Freiheitsfähigkeit" der Menschen gemeint und worin besteht genau das Problem der Freiheitsfähigkeit? In einer Revolution sollen die alten Herrschafts- und Unterdrückungsverhältnisse abgeschafft und die bisher Beherrschten und Unterdrückten befreit werden. Inwieweit nun sind die Menschen, die bisher unfrei leben mussten, auch innerlich, geistig in der Lage, mit der nun geschenkten Freiheit umzugehen? Ist die äußere Abschaffung von Unterdrückung und Unfreiheit schon die Garantie dafür, dass die Menschen nun auch freiheitsfähig sind und somit in der Lage, mit der Freiheit adäquat umzugehen? Nach Safranski ist Schiller nicht dieser Meinung. Vielmehr führt diese Art der Befreiung nicht freiheitsfähiger Menschen „zur Herrschaft des Pöbels, unten wie oben" (Z.4). Mit dieser paradoxen Beschreibung macht Safranski darauf aufmerksam, dass sich das Problem der Freiheitsfähigkeit nicht nur für die Unterdrückten stellt, sondern auch für die Revolutionäre selbst, somit für die Befreier. Nicht nur das einfache Volk bildet den Pöbel, sondern gerade auch die ungebildeten und rohen Revolutionäre führen zur Herrschaft des Pöbels. Gerade weil Safranski im Blick auf Schiller die Französische Revolution erwähnt, verweist er damit auf die Schreckensherrschaft als Mittel in der Französischen Revolution. Marquis Posa scheint nach Safranski „für einen Augenblick diese Skepsis in Bezug auf die Freiheitsfähigkeit der Unterdrückten zu teilen" (Z.4f.). Und in diesem Zusammenhang verweist Safranski auf Marquis Posas Aussage in der Auseinandersetzung mit König Philipp, dass das Jahrhundert seinem Ideale noch nicht reif sei (V.3076f.). Diese Art der Argumentation und Darstellung ist für Safranskis Text bezeichnend. Er unterstützt seine Ausführungen häufig mit Textbelegen und beruft sich in seiner Argumentation immer wieder auf Schillers Gedanken inseinen Schriften. Geht es in dieser Aussage Marquis Posas zunächst darum, dass dieser seinem Jahrhundert noch die Reife für seine politischen Ideale abspricht, so folgert Safranski allerdings aus dem weiteren Verhalten Marquis Posas, dass auch dieser selbst noch nicht im eigentlichen Sinne freiheitsfähig sei, weil er diese Skepsis nur taktisch einsetze (Z.7). Mit dieser Argumentation hat Safranski die Figur Marquis Posa zum Repräsentanten eines nicht freiheitsfähigen Revolutionärs gemacht.
Safranskis Argumentationsweise zeichnet sich durch einen klaren analytischen Blick aus. Er zieht immer wieder Querverbindungen zu Schillers Werk. Thesen und

Argumente werden durch prägnante Textbelege aus „Don Karlos" unterfüttert. Die gedankliche Abfolge ist klar gegliedert. Der Einleitungssatz bestimmt begrifflich genau das „Problem der Freiheitsfähigkeit"; der Mittelteil (ab Z.11) leitet von der inhaltlichen Darstellung (Verlauf der Marquis-Posa-Handlung) zur systematischen Analyse des Ausgangsproblems über („die Abgründe der revolutionären Moral"); der Schlussteil (Z.76ff.) pointiert die Analyse („das prekäre Verhältnis von Moral und Hypermoral") und führt zu einer dezidierten Schlussfolgerung („dass die natürliche moralische Intuition … verlässlicher ist als die ausgedachten Moralprinzipien"). Damit wird eine deutlich skeptische Sicht gegenüber universalen Moralvorstellungen und revolutionären Bestrebungen gezeigt.
Rüdiger Safranski nutzt die Darstellungsmöglichkeiten der Biografie: Im steten und im nachvollziehbaren Wechsel vom Werk zum Leben zeigt er die Größe des Schillerschen Werkes, aber auch die Größe des Autors Schiller auf. Er analysiert das einzelne Werk im biografischen Kontext, verweist stets auf die weitere Entwicklung Schillers, bezieht zeitgeschichtliche Probleme ein und eröffnet diese auf allgemeine Probleme und Einsichten, die bis heute gültig sind. So macht er die Wichtigkeit der Schillerschen Grundideen auch für die heutige Zeit fassbar.
Rüdiger Safranskis Sprache ist stets geistvoll durchdacht, sprachlich geschliffen und häufig geistreich pointiert. Safranski setzt sehr bewusst unterschiedliche Darstellungsmittel ein wie die Versinnlichung, die Verallgemeinerung und ganz besonders die Vergegenwärtigung, die schildernde Darstellung im Präsens. Dabei scheinen immer wieder Safranskis Stellungnahme, Wertung und Meinung durch. Und diese sind häufig zugespitzt und bewusst subjektiv. Sie wollen stets auch Denkanstöße vermitteln, den Leser zum selbstständigen Denken animieren.

2. Teilaufgabe

Safranski arbeitet mit seiner Interpretation eine Perspektive heraus, die nicht nur das ganze Drama trägt – „Don Karlos als Aufklärungsdrama über politisches Handeln", sondern die auch mit Schillers eigenem Verständnis übereinstimmt.
Unter dieser Perspektive wird sogar deutlich, wie aktuell Schillers „Don Karlos" für die heutige Zeit ist, in der immer noch im Namen von Freiheit, Gleichheit, Brüderlichkeit – wie in der Französischen Revolution – die konkrete Freiheit der Menschen zerstört wird, wo Gleichheit als Gleichmacherei verwirklicht und damit verzerrt wird, wo zwar von Brüderlichkeit gesprochen, aber wirkliche Solidarität nicht beachtet wird. Und das auch fast zwanzig Jahre nach dem Fall des ehemaligen Ostblocks, in dem diese Pervertierung der politischen Ideen in einem real existierenden Sozialismus vorexerziert worden ist.

Schluss:

Mit Rüdiger Safranski sehe auch ich in Schillers „Don Karlos" ein Drama, das gerade für die heutige Zeit aktuelle Fragen aufwirft. Mehr noch: Gerade an diesem Drama lässt sich zeigen, dass Schiller kein realitätsferner Idealist gewesen ist, sondern wusste, wie schnell Idealismus missbraucht werden kann. Dies ist ein Thema, das sich in der Geschichte der Kriege und der Revolutionen stets wiederfindet. Wer das Drama „Don Karlos" versteht, versteht auch die Wirkmechanismen von Geschichte etwas besser.

1. → **2.** → **3.** → **4.** → **5.** → **6. Klausur überarbeiten**

Teilen Sie sich Ihre Zeit so ein, dass Sie Ihre Klausur am Schluss noch einmal gründlich überarbeiten können. Sie können dabei die Checkliste auf S. 22 zugrunde legen.

1 Vorbemerkungen zum Stück

Längere Entstehungszeit des Stückes

Schiller arbeitet **fast vier Jahre lang** an diesem Drama, obwohl – wie er selbst sagt – ein dramatisches Werk nur die „Blüte eines einzigen Sommers“ sein solle. Anfangs noch mit großem Enthusiasmus, will er in diesem Drama – ganz in **Sturm-und-Drang-Manier** – das Lob der Freundschaft singen sowie einen Vater-Sohn-Konflikt darstellen. Aber je weiter Schiller in seinem Stück vorankommt, desto fragwürdiger wird für ihn sein ursprünglicher dramatischer Entwurf.
Erst im Spätsommer 1786 kommt es **zum entscheidenden Umschwung**: Bezeichnet Schiller vorher noch sein Stück als „ein Familiengemälde aus einem königlichen Hause“, so gelangt er immer mehr zu der Einsicht, dass es in diesem königlichen Hause letztlich um den König als absoluten Monarchen gehen müsse, und damit um die Herrschaftsansprüche im Absolutismus. Es geht Schiller nun darum, den historischen Stoff so aufzuarbeiten, dass die politische Motivierung und die Psychologie der Figuren deutlich werden. Schon die ersten Szenen im III. Akt verschieben die bisherige dramatische Konstruktion – weg von Don Karlos hin zu Marquis Posa. Diese Verschiebung, so erklärt Schiller später, konnte nicht mehr ausführlich entwickelt werden, sie musste in einer Szene geschehen, in der 10. Szene im III. Akt. Nunmehr steht im Mittelpunkt der politische Versuch, durch eine „Revolution von oben“ einen Staat zu etablieren, in dem die Bürger Grundfreiheiten wie z. B. „Gedankenfreiheit“ haben. Aus dem Familiengemälde ist so das **Gemälde einer politischen Utopie** geworden, einer aufgeklärten Monarchie statt einer absoluten Monarchie. Wie Schiller später in seinen „Briefen über Don Karlos“ schreibt, besteht die neue Ausrichtung des Stückes darin, dass jetzt ein „Lieblingsgegenstand unseres Jahrzehnts“ in das Zentrum dieses Dramas tritt: Der Humanitätsgedanke lässt den aufrührerischen Gedanken der Rebellion hinter sich. Es geht nunmehr um die vernünftige Vermittlung der individuellen Freiheitsansprüche und der staatlichen Herrschaftsansprüche.

Vom Familiengemälde zum politischen Drama

Auf einen Blick

- **Verschiebung der Interessen bei Schiller während der mehrjährigen Entstehungszeit.**
- **Aus dem „Stürmer und Dränger“ wird ein Verfechter des Humanitätsgedankens.**
- **Aus dem Familiengemälde wird das Gemälde einer politischen Utopie.**

2 Inhaltsübersicht

Das Handlungsgerüst

Ideen der Aufklärung werden propagiert

In dem Drama, das Ende des 16. Jahrhunderts in Spanien spielt, verdeutlicht Schiller die Ideen der Aufklärung, besonders die Idee der Freiheit. Philipp II., der das spanische Weltreich als absoluter Monarch regiert, hat die frühere Verlobte des Kronprinzen Don Karlos aus Gründen der Staatsräson geheiratet. Allerdings ist Don Karlos immer noch in seine frühere Verlobte verliebt, die durch diese Heirat seine Stiefmutter geworden ist. Don Karlos vertraut sich seinem Freund, Marquis Posa, an. Der vermittelt ein Gespräch mit der Königin, die Don Karlos jedoch dazu auffordert, von dieser Liebe abzulassen und sich lieber für seine politischen Ideale, für die Befreiung der Niederlande aus der spanischen Unterdrückung, einzusetzen.
Philipp II., der mit harter Hand regiert, spürt, dass er am eigenen Hof keinen Menschen hat, dem er vertrauen kann. Deshalb sucht er in Marquis Posa einen Vertrauten; denn er weiß, dass Marquis Posa auch ihm gegenüber seine eigene Meinung vertritt und ihm nicht nach dem Munde redet wie die anderen am Hofe. Marquis Posa versucht den König davon zu überzeugen, dass dieser den Niederlanden die Freiheit geben, ja im gesamten spanischen Reich Gedankenfreiheit erlauben solle.

Da Philipp II. nicht auf dessen Forderung eingeht, beschließt Marquis Posa - ohne Wissen Don Karlos' - den König durch eine Intrige dazu zu bringen, Don Karlos die Befehlsgewalt über die Niederlande zu geben. Die Intrige wird aufgedeckt, Marquis Posa erschossen und Don Karlos, der sich an die Spitze der Truppen in Flandern setzen will, der Inquisition überantwortet.

Der Verlauf der Handlung

Der **Ablauf der Handlung ist erheblich verschlungener** als das Handlungsgerüst ahnen lässt. Dies hat zum einen Gründe in der langjährigen Entstehungsgeschichte, während derer sich die Interessen und Einstellungen bei Schiller erheblich verschoben haben, zum anderen aber auch in Schillers dramatischer Einfallskunst: Er ging gerne aus theatralischen Gründen verschiedene Umwege.

Verschlungener Handlungsverlauf

Der **I. Akt** spielt im Garten der königlichen Sommerresidenz in Aranjuez. Domingo, der Beichtvater des Königs, versucht, von Don Karlos die Gründe für seine stille Melancholie zu erfahren. In der 2. Szene treffen Don Karlos und sein Jugendfreund Marquis Posa nach langer Zeit wieder aufeinander. Beide haben sich jedoch zwischenzeitlich verändert: Marquis Posa muss feststellen, dass Karlos unglücklich in die Königin verliebt ist und darüber die gemeinsamen politischen Ideale, die Unterstützung der Niederlande gegen Unterdrückung durch die spanische Herrschaft, in den Hintergrund getreten sind. Auf Wunsch Karlos' verspricht Posa, ein Treffen mit der Königin zu arrangieren. Die 3. Szene führt Königin Elisabeth ein - ihre Natürlichkeit kontrastiert mit der starren Etikette am spanischen Hof. In der 4. Szene zeigen die Königin und Marquis Posa ein geheimes Einverständnis über die Zustände in Spanien. Um mit Marquis Posa unbelauscht zu sprechen, schickt die Königin ihre Hofdamen weg; daraufhin stürzt sich der Prinz vor die Füße der Königin (5. Szene). Er bedrängt die Königin mit seinem Liebesgeständnis. Diese aber weist Don Karlos in seine Schranken, ruft ihn jedoch auf, seine ganze Kraft in die Befreiung Flanderns zu setzen. Die Ankunft des Königs beendet die Begegnung zwischen Elisabeth und Don Karlos abrupt. Philipp zeigt sich sogleich in seiner ganzen Strenge, aber auch in seiner Verletzbarkeit und Eifersucht. Marquis Posa und Karlos verabreden, dass Don Karlos seinen Vater bittet, ihm die Oberherrschaft über Flandern zu geben (7.-9. Szene). Don Karlos und Marquis Posa erneuern ihren Freundschaftsbund.

Wiedersehen der Jugendfreunde Karlos und Posa

Schlüsselszenen 2, 6, 9

Der **II. Akt** spielt bis auf die beiden letzten Szenen im königlichen Palast zu Madrid. In den Szenen II, 1 und II, 2 bittet Don Karlos seinen Vater, ihm statt Herzog Alba die Herrschaft über Flandern zu übertragen. Philipp lehnt dies kategorisch ab. Im Dialog erscheint Don Karlos als leidenschaftlicher, aber politisch unreifer Schwärmer, Philipp dagegen als staatspolitisch denkender Machtpolitiker. Obwohl Don Karlos erzürnt und erbittert den König verlässt, ist Philipp nachdenklich geworden und nimmt sich vor, Don Karlos zukünftig mehr an seiner Herrschaft zu beteiligen.
Die vierte bis neunte Szene bringen ein kompliziertes Verwirrungs- und Intrigenspiel in Gang. Don Karlos hält einen Brief der in ihn verliebten Prinzessin Eboli, der ihm zugespielt wird, für ein Schreiben der Königin. Während er im Vorsaal vor dem Zimmer der Königin wartet, trifft er auf Herzog Alba. Dieser will sich, dem Geheiß des Königs folgend, mit Don Karlos versöhnen. Doch es entsteht ein Wortgefecht zwischen ihnen (5. Szene). Als beide mit dem Schwert aufeinander losgehen wollen, unterbindet die Königin, die zufällig aus ihrem Zimmer kommt, diesen Kampf. In der 8. Szene trifft Don Karlos dann auf die Prinzessin Eboli. Don Karlos, der die Königin erwartet hat, ist verwirrt. Er erfährt von der Liebe Prinzessin Ebolis zu ihm, Prinzessin Eboli muss jedoch erkennen, dass Karlos' Liebe der Königin gilt. Im Laufe des Gesprächs nimmt Karlos einen Brief an sich, aus dem deutlich wird, dass der König mit der Prinzessin ein Verhältnis hat. In der 9. bis 13. Szene verschwören sich dann Prinzessin Eboli, Alba und Domingo gegen Don Karlos - die Prinzessin Eboli aus verschmähter Liebe, Herzog Alba aus machtpolitischen Gründen und Domingo im Namen der Inquisition. Eboli soll Briefe an Karlos aus der Schatulle der Königin entwenden, die dann dem König zugespielt werden. Die 14. und 15. Szene bieten im Kontrast dazu die „Verschwörung" von Don Karlos und Marquis Posa.

Prinzessin Eboli liebt Karlos

Intrigen werden in Gang gesetzt

Schlüsselszenen 2, 8, 12, 14

Im **III. Akt** zeigen die ersten fünf Szenen, wie das von Eboli, Alba und Domingo inszenierte Intrigenspiel auf den König wirkt, wie dieser immer eifersüchtiger wird, weil er sich von der Königin und Don Karlos betrogen fühlt. Bezeichnenderweise spielen diese Szenen, die Philipp als eifersüchtigen Privatmann zeigen, im Schlafzimmer des Königs. Die 6. bis 8. Szene finden im Audienzsaal statt. Philipp erfährt vom Untergang der Armada, seiner Kriegsflotte, die gegen England kämpfen sollte.

Philipp II. sucht Vertrauten in Posa

Schlüsselszenen 3, 4, 10

Im Unterschied zu den ersten Szenen zeigt sich Philipp hier als großmütiger und gerechter König. Schauplatz der Szenen 8 bis 10 ist Philipps Kabinett. Der König, der die Einsamkeit der Macht spürt, sucht nach jemandem, dem er vertrauen kann. Seine Wahl fällt auf Marquis Posa, weil der kein Höfling ist. Und in III, 10 kommt es zu der großen Rede, in der Posa den König auffordert, seine absolute Macht aufzugeben und seinen Bürgern Gedankenfreiheit zu geben. Auch wenn Philipp diese revolutionäre Forderung zurückweist, so ist er von Marquis Posas persönlicher Integrität so überzeugt, dass er ihn zu seinem Vertrauten macht.

Posas Versuch, den Gang der Ereignisse zu bestimmen

Schlüsselszenen 3, 5, 9, 12, 21

Der Gang der Handlung im **IV. Akt** wird vor allem durch Marquis Posa bestimmt; dabei werden seine Aktionen immer unbesonnener, weil er Don Karlos nicht in seine Pläne einweiht. In den Szenen 1 bis 3 (Saal der Königin) zieht Marquis Posa die Königin auf seine Seite und weiht sie in seine hochverräterischen Pläne ein. Die Königin willigt nicht nur in diese Pläne ein, sondern verspricht ihre politische Mithilfe. Karlos ist verunsichert (IV, 4–6), weil Graf Lerma ihn von dem Vertrauensverhältnis zwischen Philipp und Marquis Posa unterrichtet. Marquis Posa kann diese Zweifel zerstreuen. Gleichzeitig erbittet er sich von Don Karlos dessen Brieftasche mit dessen Briefen von der Königin. Der König ist maßlos eifersüchtig (IV, 7–12), weil er an der Treue seiner Frau zweifelt. Als die Königin beim König wegen der aufgebrochenen Schatulle klagt, kommt es zu einer heftigen Auseinandersetzung zwischen beiden. Die Königin weist die Verdächtigungen entrüstet von sich und bricht ohnmächtig zusammen. Posa nutzt die Situation und erbittet sich vom König einen geheimen Haftbefehl für Don Karlos.
Von der 13. bis 20. Szene überschlagen sich nunmehr die Ereignisse. Die politische Intrige des Marquis Posa scheitert: Karlos glaubt sich von Posa verraten. Alba und Domino versuchen vergeblich, die Königin gegen den Marquis aufzubringen. Don Karlos will über Prinzessin Eboli ein Gespräch mit der Königin erreichen. Posa, der vermutet, dass Don Karlos seine Geheimnisse verraten will, verhaftet Don Karlos. Die Prinzessin Eboli sucht bei der Königin Schutz und verrät ihr die Intrige sowie ihr Verhältnis zum König. Marquis Posa, der annimmt, dass seine Pläne gescheitert sind, will seinen Freund retten und lenkt den Verdacht des Königs auf sich, dass er die Königin geliebt habe. Philipp ist von der vermeintlichen Schuld Marquis Posas erschüttert.

Untergang Karlos' und Posas

Sieg der Inquisition

Schlüsselszenen 1–3, 4, 10, 11

Der **V. Akt** führt zielgerichtet, aber auch wieder mit verwirrenden Momenten in die völlige Katastrophe. Don Karlos ist verhaftet, und Marquis Posa klärt ihn über die missglückte Intrige auf. Er macht deutlich, dass er den Verdacht des Königs auf sich gelenkt habe, damit Don Karlos Flandern befreien könne. Noch während Marquis Posa dies seinem Freund gesteht, wird er erschossen. Als König Philipp erscheint (V, 1), um seinem Sohn zu vergeben, entdeckt Don Karlos ihm die Pläne Marquis Posas: Nicht der König, sondern Karlos ist sein wahrer Freund, dem zuliebe er sich aufgeopfert hat. Der Lärm eines Aufstandes („Rebellion!" V. 4854) dringt in den Palast. Die Königin überredet Don Karlos, als Mönch verkleidet zu fliehen. Graf Lerma rüstet ihn mit Waffen aus. Philipp lässt den Aufstand in Madrid blutig niederschlagen. Zugleich lässt er den Großinquisitor kommen. Von diesem erfährt er, dass Marquis Posa schon lange von der Inquisition beobachtet wurde, ja, dass alle von der Inquisition beobachtet wurden. In der letzten Szene – Don Karlos tritt im Mönchsgewand auf – erklärt Don Karlos der Königin, dass er nun die politische Aufgabe, die Befreiung der Niederlande, zu seinem einzigen Anliegen mache. Der König, der Großinquisitor und die Granden treten – zunächst unbemerkt – hinzu. Im letzten Augenblick tritt Philipp hervor und übergibt Don Karlos der Inquisition: „Kardinal! Ich habe / Das Meinige getan. Tun Sie das Ihrige." (V. 5367 f.)

Auf einen Blick

- Klares Handlungsgerüst, jedoch verschlungene Handlungen
- Handlungsumwege theatralisch motiviert: Spannung
- Verwirrende Fülle von Briefen und Intrigen
- Handlungsstränge teilweise nur lose miteinander verknüpft, verstärken jedoch die dramatischen Konflikte in den je anderen Handlungssträngen

3 Die Hauptfiguren

Don Karlos, Kronprinz

Schiller selbst hat die literarische Verwandtschaft dieser Figur so gekennzeichnet: „Karlos hat, wenn ich mich des Maases bedienen darf, von Shakespeares Hamlet die Seele - Blut und Nerven von Leisewiz Julius, Und den Puls von mir." Diese Kennzeichnung ist es wohl auch, die Schillers Interesse an Don Karlos als Hauptfigur seines Dramas im Laufe der Jahre abschwächt. Don Karlos ist der **Empfindsame** und der **Stürmer und Dränger**. Er trägt die charakteristischen Merkmale beider Literaturepochen - in seiner leidenschaftlichen Liebe zur Königin, in seinem schwärmerischen Freundesverhältnis zu Marquis Posa, in seinem Trotzverhalten gegenüber seinem Vater. Begeisterungsfähig, aber auch unterschiedlichsten Gefühlsregungen ausgesetzt, lässt er sich leicht von seinen Zielen abbringen. Die Jugendideale, die er einst gemeinsam mit Posa entwickelt hat, müssen seinen individuellen Gefühlen weichen. Im Gespräch mit seinem Vater handelt er ungestüm und unüberlegt - ganz aus dem Gefühl heraus. Selbst am Ende des Dramas, als Karlos seine Liebe zu Elisabeth aufgibt und sich nur noch dem politischen Kampf widmen will, hat er seine Sturm-und-Drang-Mentalität noch nicht abgelegt (vgl. V. 5350-5356).

Karlos - begeisterungsfähiger Jüngling

Elisabeth von Valois, Königin

Elisabeth ist in diesem Drama der **glänzende Charakter, anmutig und würdevoll**. Im Verlaufe des Stückes gewinnt sie immer mehr Kontur. Von Anfang an wird sie als positive Identifikationsfigur eingeführt. Sie vertritt aufgeklärte Positionen, ist entschieden gegen die Inquisition und gegen das starre Hofleben, gegen fürstlichen Prunk, gegen die Unterdrückung der Niederlande, gegen die soziale Ausbeutung des Volkes. Ganz in der Nachfolge **Rousseaus** ist sie für ein natürliches Leben (Sommersitz in Aranjuez), für eine tolerante Herrschaft, für Entlastung des Volkes, für Religions- und Gedankenfreiheit. Zum Ende des Stückes tritt sie in die politische Handlung ein, indem sie sich finanziell an der Vorbereitung der Rebellion in den Niederlanden beteiligt (V. 3495 ff.), die Unterstützung der Aufständischen durch Frankreich in die Wege leiten will, in Madrid einen Volksaufstand zur Rettung Don Karlos' anzettelt (V. 4926 ff.) und sich so an der Rebellion gegen ihren Mann, König Philipp, beteiligt. Das ist allerdings Intrige, Lüge und Hochverrat. Für eine Charakterisierung bietet sich die Szene I, 6 an, da hier Elisabeth gerade im Kontrast zu Philipp als **geistvolle Frau** und als **anmutiger Charakter** auftritt.

Dass ihre Liebe Don Karlos gehörte, dafür lassen sich einige Anhaltspunkte finden, aber dennoch ist sie Philipp eine treue, untadelige Gattin. In ihrer Art entspricht sie ansatzweise schon dem klassischen Frauen- und Humanitätsideal: Sie stellt persönliche Wünsche und Bedürfnisse zurück, fügt sich in ihre Rolle und handelt sozusagen aus der Mitte ihrer Person, aus angeborener Schicklichkeit, nicht aus „des Anstands / Schulmäßiger Berechnung" (vgl. V. 2354 f.), wie es etwa die Fürstin Eboli tut (vgl. V. 2326 ff.).

Elisabeth - als Charakter Vorschau auf die Klassik

Philipp II., König von Spanien

Philipp ist nicht nur ein **absolutistisch regierender Herrscher**, er ist auch von seinem Charakter her ein **Machtmensch**, Philipp steht für ein Menschenbild, das von dem englischen Philosophen Thomas Hobbes (1588-1679) geprägt ist: „Jeder Mensch ist dem anderen ein Wolf", und die Menschen befinden sich in einem „Kriegszustand eines jeden gegen jeden", dies sind die leitenden Aussagen der Hobbes'schen Anthropologie. Aus diesem elenden Naturzustand kann der Mensch sich nur befreien, wenn er über seine Vernunft eine Macht installiert, die alle im Zaum halten kann. Diese absolute Macht hat die Aufgabe, einen Bereich der Sicherheit zu installieren, in dem bürgerliches Glück und Reichtum möglich werden. Ist der Mensch im Naturzustand nach Hobbes unfrei, so wird er dadurch, dass er sich im Gesellschaftsvertrag den staatlichen Gesetzen unterwirft, in seinen Grenzen frei. Philipp II. vertritt dieses Menschenbild als König wie als Mensch. Mag die politische Macht ihm auch noch in einem gewissen Grade Recht geben - er ist der mächtigste König der damaligen Zeit -, so stößt diese Auffassung aber dort an ihre Grenzen, wo es um zwischenmenschliche, ja überhaupt menschliche Beziehungen geht. Eine solche Vorstellung entwickelt Eifersucht und Misstrauen, wo Vertrauen vonnöten wäre, Lüge und Heuchelei, wo Offenheit und Ehrlichkeit sein sollten, und Vereinsamung, wo Liebe und Freundschaft gewünscht sind. Zwangsläufig muss Philipp mit diesem Menschenbild gerade bei den Menschen scheitern, die ihm am nächsten stehen oder stehen sollten: Dem Sohn misstraut er, weil er fürchtet, er könne gegen ihn intrigieren. Der Liebe seiner Frau ist er nicht sicher, weil sich die politische Rolle nicht von der Privatperson lösen lässt. Aus dieser Unsicherheit rührt seine rasende Eifersucht: „Hier ist die Stelle, wo ich sterblich bin." (V. 865) – in seinen privaten Beziehungen gelangt der absolute Herrscher an seine Grenzen.

Philipp II. – Zwiespalt zwischen Monarch und Privatmensch

Und auch die Beziehung zu Marquis Posa ist nicht eindeutig – er meint, diesen Mann gewählt zu haben und sein Vertrauen zu besitzen, nur um zu erfahren, dass er mit seinem Sohn um die Freundschaft dieses Mannes konkurriert. Auch in diesem Fall kann er nicht sicher sein, ob er als Mensch und nicht als Herrscherfigur geliebt wird. Vor diesem Hintergrund erscheint Philipp II. als machtvolle politische Figur, die aber in ihren privaten Beziehungen durchweg scheitert. In der letzten Szene erweist sich auch noch die politische Macht als Fiktion – der Großinquisitor macht klar, dass der mächtige König von Spanien sich nur so weit bewegen darf, wie die katholische Kirche es will.

Marquis von Posa, Malteserritter

Posa – Gegenentwurf zu Karlos und Philipp II.

Auf den ersten Blick erscheint der Marquis als Lichtgestalt des Stückes – positiver Gegenentwurf zum Machtmenschen Philipp II. und als konstanter Freund auch Gegenentwurf zum schwankenden Karlos. Marquis Posa ist der politische **Aufklärer und Weltverbesserer**, der sich selbstlos für die Befreiung des Menschen und eine künftige Verbesserung der gesellschaftlichen Verhältnisse einsetzt. Bei genauerem Hinsehen allerdings trübt sich das Bild ein. Die freundschaftliche Beziehung zu Don Karlos etwa – gilt sie der Person Karlos oder dem Königssohn, der als Mittel zum gesellschaftlichen Umsturz dienen kann? Die Beziehung zum König – ist er bereit, sich diesem zuzuwenden, weil er mit dessen Hilfe mehr bewegen kann als mit Karlos' Hilfe? Fragwürdig ist auch die Bereitwilligkeit, mit der er andere und speziell seinen Freund Karlos zu Mitteln und Werkzeugen macht, um sie in den Dienst seiner politischen Ideen zu stellen. Bei all seiner persönlichen Integrität hat er doch keinerlei Bedenken, ungefragt über andere Personen zu verfügen. Der Realisierung seiner politischen Vorstellungen ordnet er die Interessen anderer unter. So wirkt der intellektuelle Revolutionär Posa nicht weniger despotisch als der absolute Herrscher Philipp der Zweite.

Seine politischen Grundüberzeugungen sind dem Schweizer Schriftsteller und Philosophen Jean-Jacques Rousseau (1712–1778) geschuldet: „Der Mensch ist frei geboren", so beginnt Rousseau seine berühmte Schrift „Über den Gesellschaftsvertrag", und fährt fort: „Doch überall findet man ihn in Ketten." Dieses „überall" meint nicht nur in allen damaligen Staaten, sondern überall in der Zivilisation. Rousseau ist der dezidierten Auffassung, dass sich die Menschheit in einem **Zustand unbehinderter Freiheit** selbst verwirklichen könne.

Doch so beredt auch Marquis Posa von Philipp aus dem Geiste der Rousseau'schen Anthropologie „Gedankenfreiheit" fordert, so wenig geht er mit Rousseau in eine Kritik der aufklärerischen Revolutionsmoral. Und genau dies ist die Bedingung der Möglichkeit für die Freiheit eines jeden. Alles andere führt wieder in einen **Despotismus** – entweder des absoluten Herrschers oder **des intellektuellen Revolutionärs**.

Auf einen Blick

- Don Karlos ist mit seinen Motiven und Gefühlen eine typische Figur des Sturm und Drang und der Empfindsamkeit.
- Die Königin ist eine glänzende Figur und ein anmutiger Charakter und trägt bereits schon Züge der Klassik, obwohl sie in die politische Intrige verwickelt ist.
- Philipp II. ist ein politischer Machtmensch, der ganz durchdrungen ist von den Grundüberlegungen in der Hobbes'schen Anthropologie.
- Marquis Posa ist ein politischer Aufklärer und Weltverbesserer, der von seinen Aufklärungsideen so „besessen" ist, dass er stets in Gefahr steht, andere Menschen nur als Mittel zu benutzen, um diese Ideen zu realisieren.

4 Handlungsaufbau

Trotz der Vielzahl der **dramatischen Konflikte**, die in dem Stoff angelegt sind, bleiben die fünf Akte gleichwohl funktional auf die traditionelle Dramenstruktur ausgerichtet.

Vielzahl dramatischer Konflikte

I. Akt: Exposition der Handlung und erregendes Moment
Liebes-, Freundschafts- und Vater-Sohn-Konflikt werden in ihrer Verknüpfung vorgestellt und haben in Szene I, 9 ihr erregendes Moment – Don Karlos: „Jetzt zum König. / Ich fürchte nichts mehr – Arm in Arm mit dir, / So fordr ich mein Jahrhundert in die Schranken." (V. 1011 ff.)

II. Akt: Steigerung der Handlung
Scheitern der politischen Pläne Don Karlos' in der Auseinandersetzung mit Philipp; missverständliche Begegnung mit Prinzessin Eboli; Prinzessin Eboli, Pater Domingo und Herzog Alba planen eine Intrige gegen die Königin und Don Karlos; der politische Plan und Geheimbund von Don Karlos und Marquis Posa.

III. Akt: Höhepunkt
Alba und Domingo schüren die Eifersucht des Königs; Philipp fühlt sich einsam; den Untergang der Armada nimmt Philipp ruhig hin; Gespräch Marquis Posas mit Philipp; im Höhepunkt (III, 10) die Forderung Marquis Posas: „Geben Sie / Gedankenfreiheit." (V. 3213 f.)

IV. Akt: Umkehr und fallende Handlung
Marquis Posa weiht die Königin in seinen Plan ein; die Königin stimmt der „Rebellion" (V. 3466) zu und will auch Don Karlos dafür gewinnen; Don Karlos, der in die Intrige des Marquis Posa nicht eingeweiht ist, verspürt Misstrauen gegen Marquis Posa; Philipp verdächtigt Elisabeth der Untreue; Marquis Posa erbittet sich von Philipp einen Haftbefehl für Don Karlos; Intrigen und Gegenintrigen überschlagen sich in diesem Akt, so dass Posa sich schließlich genötigt sieht, durch einen Brief den Verdacht des Königs auf sich zu lenken (Peripetie: letzter Schritt zur Katastrophe).

V. Akt: Katastrophe
Marquis Posa erklärt Don Karlos seine Intrige und seine Absichten, bevor er von Soldaten erschossen wird. Don Karlos enthüllt die Pläne Marquis Posas dem König, um diesen von den Idealen und der Freundschaft des Marquis zu überzeugen; ein Volksaufstand zugunsten Don Karlos' wird blutig niedergeschlagen. Philipp überantwortet seinen Sohn der Inquisition: „Kardinal! Ich habe / Das Meinige getan. Tun Sie das Ihrige." (V. 5367 f.)

So klar sich auf der einen Seite die **traditionelle dramatische Struktur** dieses Schauspiels in seinen fünf Akten und ihren dramaturgischen Funktionen nachzeichnen lassen, so verwirrend ist doch auch die dramatische Umsetzung im Handlungsverlauf. Besonders im IV. und V. Akt durchbricht Schiller mit seiner Szenenfolge die Einlinigkeit der Handlung immer wieder, ein Verfahren, das dem heutigen Zuschauer aus Filmen sehr vertraut ist. Nur wenn man im traditionellen Sinne die Einheit der Handlung mit Einlinigkeit gleichsetzt, wird man im „Don Karlos" keine **Einheit der Handlung** feststellen. Wenn man jedoch die Einheit der Handlung im „Don Karlos" darin sieht, dass alle Figuren unter dem gleichen Handlungsgesetz stehen – sie müssen ihre Freiheit gegen die absolutistische Macht erkämpfen –, dann wird die Grenze zwischen privaten und öffentlichen Konflikten fragwürdig, dann wird deutlich, inwiefern Privatkonflikte politisiert sind, und die verschiedenen Handlungsstränge werden in ihrer Beziehung gerade als Einheit offenbar.

Traditionelle Dramenstruktur – verwirrender Handlungsverlauf

Auf einen Blick

- Klassische Form und Struktur des fünfaktigen Dramas
- Immer neue dramatische Zuspitzungen in den verschiedenen Handlungssträngen scheinen die Einheit der Handlung zu zerstören.
- Eine neue Vorstellung von der Einheit der Handlung – ein einheitliches Handlungsgesetz für alle Figuren und Handlungen.

5 Sprache und Stil

Wie sehr Schiller im „Don Karlos“ sich von seiner Sturm-und-Drang-Ästhetik des Dramas entfernt, lässt sich besonders deutlich an der sprachlichen Gestaltung dieses Stückes aufzeigen. Auf Anraten Dalbergs, des Mannheimer Theaterintendanten, und besonders Christoph Martin Wielands schreibt Schiller sein **Drama in Blankversen**. Schiller begründet dies so: „Ein vollkommenes Drama soll, wie uns Wieland sagt, in Versen geschrieben sein, oder es ist kein vollkommenes und kann für die Ehre der Nation gegen das Ausland nicht konkurrieren. – Nicht, als ob ich auf das letztere Anspruch machte, sondern weil ich die Wahrheit jenes Ausspruchs überzeugend erkannte, habe ich diesen Karlos in Jamben entworfen.“ Worin besteht nun die Wahrheit dieses Ausspruchs? Kurz gesagt – in ihrem **Stilisierungsauftrag**.

Von der Prosa zum Blankvers

Während in den ersten beiden Stücken Schillers die Figuren individuell durch ihren Sprachgebrauch und die Sprachverwendung charakterisiert wurden, wird nun den Personen durch den Blankvers eine gebundene und damit stilisierte Sprache zugewiesen. Verdeutlichen wir uns das an den ersten Versen des zweiten Auftritts im I. Akt, als Don Karlos und Marquis Posa sich nach langer Zeit wieder sehen:

Karlos: Wer kommt? – Was seh ich? Oh ihr guten Geister!
Mein Roderich!
Marquis: Mein Karlos.
Karlos: Ist es möglich?
Ists wahr? Ists wirklich? Bist dus? – O, du bists!
Ich drück an meine Seele dich, ich fühle
Die deinige allmächtig an mir schlagen.
O, jetzt ist alles wieder gut. In dieser
Umarmung heilt mein krankes Herz. Ich liege
Am Halse meines Roderich. (V. 128–135)

Don Karlos ist in seinem Gefühl und in seinem Sprechen noch ganz der typische Sturm-und-Drang-Held, der, von seinen Gefühlen übermannt, nur noch mit Ausrufen und Fragen seine freudige Überraschung kundtun kann: zwei Fragen, zwei Ausrufe von Don Karlos. Und nach der Feststellung des Marquis Posa drei weitere Fragen und ein abschließender Ausruf. Aber – und schon die Schreibweise macht es anschaulich – diese ungläubigen Fragen und freudigen Ausrufe werden in das fünfhebige Versmaß aufgehoben und dort eingebunden. Wie bewusst Schiller diese Textstelle gestaltet hat, ist schon daran zu erkennen, dass Marquis Posa gerade nicht mit Ausrufen und Fragen auftritt (Satzzeichen), sondern eher mit einer einfachen Feststellung: „Mein Karlos.“ Das überschwängliche Gefühl wird in den Blankvers eingebunden: Der freudige Ausruf „Mein Roderich!“, die Feststellung Marquis Posas „Mein Karlos.“ und die ungläubige Frage „Ist es möglich?“ bilden *einen* Blankvers. Selbst in diesem unbändigen Gefühlsausbruch ist die Stilisierungs- und Zivilisierungsfunktion des Blankverses deutlich vernehmbar.
Schiller setzt den Blankvers konsequent auch dazu ein, die Dialoge der Figuren miteinander zu verknüpfen. Sehr häufig werden die einzelnen Einheiten des Blankverses auf verschiedene Sprecher verteilt und kunstvoll verknüpft, so in IV, 22.
Noch eine weitere Möglichkeit des Blankverses nutzt Schiller mit großer Intensität – den Zeilensprung (Enjambement). Und er nutzt diesen Zeilensprung sehr häufig, um eine moderne Möglichkeit zu erreichen, die im gestischen Rhytmus verankert ist – **Sinnverknüpfungen** zu erstellen und rhytmisch darauf zu verweisen. Ein Beispiel unter vielen ist der berühmte Absatz in der Rede des Marquis Posa zu Philipp, in dem er vom König Gedankenfreiheit fordert (V. 3200 ff.).

Auf einen Blick

- Der Blankvers übernimmt eine Stilisierungsfunktion.
- Die Gestaltung des Blankverses ist auf Sinnbetonung ausgerichtet (gleichsam ein gestischer Rhythmus).

6 Themen und Motive

Wie bereits im zweiten Kapitel aufgezeigt, vereinigt das Stück verschiedene Handlungsstränge – entsprechend vielfältig sind auch die thematischen Aspekte, die verhandelt werden.

Vater-Sohn-Konflikt

Wie in vielen Stücken und Romanen rebelliert hier auch der Sohn gegen die Vaterfigur. Hier wird das noch verschärft durch die erotische Konkurrenz um eine Frau und durch die blinde Eifersucht des Vaters. Wobei das Aufbegehren gegen den Vater auch gekoppelt ist mit dem Aufbegehren gegenüber verkrusteten gesellschaftlichen Verhältnissen.

Freundschafts-Drama

Thematisiert und problematisiert wird im Drama auch der Freundschaftsbegriff. Auch wenn Marquis Posa in diesem Freundschaftsverhältnis der überlegte und überlegene Freund ist, der Don Karlos gerade auch als Mittel für seine politischen Ziele nutzt, so ist diese Freundschaft nicht nur von Don Karlos aus äußerst gefühlvoll, ja schwärmerisch und enthusiastisch geprägt, sondern durchaus auch zum Teil von Marquis Posa. Aber für Marquis Posa ist diese Freundschaft immer auch mehr – sie ist stets auch politisch besetzt.

Der Preis der Macht

Das Drama ist auch ein Stück über Macht und ihre Ausübung; über die Rollenkonflikte, die sich aus der Rolle als König und als Privatmann ergeben, über die entmenschlichenden Deformationen, die dabei entstehen können.

Marquis Posa und der Despotismus der Vernunft

In seinen „Briefen über Don Karlos" spricht Schiller über den „Despotismus" derer, die bereit sind, für einen abstrakten Zweck „sich an fremder Freiheit zu vergreifen". Und er meint damit Marquis Posa. In der Figur des Marquis Posa spiegelt Schiller vor der Französischen Revolution ein Problem, das in der Französischen Revolution übermächtig und dann von Georg Büchner in seinem Drama „Dantons Tod" unerbittlich in seiner tragischen Reichweite seziert wird – den **Despotismus der Vernunft**, die barbarische Zerstörung des Mitleids und damit jeder Sinnlichkeit, die undialektische Herrschaft der Ideale – ein Problem nicht nur der Französischen Revolution, sondern jeder Revolution seither, ein Problem der Aufklärung, die sich – wie Adorno und Horkheimer nach dem Zweiten Weltkrieg anmahnen – nicht dialektisch ihrer eigenen Herrschaftsansprüche versichert hat, sich nicht auch selbst aufgeklärt hat. Kurz: Hinter Kants Gesetz der praktischen Vernunft kann vernünftigerweise nicht zurückgegangen werden: „Dass, in der Ordnung der Zwecke, der Mensch (mit ihm jedes vernünftige Wesen) *Zweck an sich selbst sei*, d. h. niemals bloß als Mittel von jemandem (selbst nicht von Gott), ohne zugleich hierbei selbst Zweck zu sein, könne gebraucht werden, dass also die Menschheit in unserer Person uns selbst *heilig* sein müsse, folgt nunmehr von selbst, weil er das Subjekt des *moralischen Gesetzes*, mithin dessen ist, was an sich heilig ist, um dessen willen und in Einstimmung mit welchem auch überhaupt nur etwas heilig genannt werden kann."

Nähe von Idealismus und Despotismus

Es ist schon bemerkenswert, wie Schiller in Marquis Posa ein Jahr vor Kants „Kritik der praktischen Vernunft" (1788) und drei Jahre vor den Revolutionswirren in Frankreich das zentrale Problem moralischen und revolutionären Handelns gesehen und dargestellt hat. Marquis Posa ist bereit, für seine revolutionären Ideen und für die Menschheit die Freiheit des einzelnen Menschen zu opfern, für das allgemeine Glück das konkrete Glückbedürfnis der einzelnen Menschen zu vernachlässigen, für die Freiheit zukünftiger Gesellschaften die Freiheit der jetzigen Gesellschaft einzuschränken, die gegenwärtigen Menschen zum Mittel einer zukünftigen Utopie, einer zukünftigen gerechten Welt zu degradieren. In der Französischen Revolution werden um der Freiheit der Menschen willen die Freiheitsrechte der Einzelnen unterdrückt, um der Ideale willen Menschen umgebracht – eine ideologische, letztlich perverse Denk-Gestalt, die im Zuge fast jeder Revolution Platz greift und mächtig wird: Die gegenwärtige Menschheit wird ihrer Grundrechte beraubt, damit eine zukünftige Menschheit Grundrechte hat.

Bedarf es noch eines Beweises, dass Schiller nicht so einfach als Idealist abgetan werden kann?

Probleme des revolutionären Handelns

In der Tat vertritt Marquis Posa im „Don Karlos" die zentralen Ideen der Aufklärung. Und zugleich ist er derjenige, der für diese Ideen die konkreten Freiheitsrechte der einzelnen Menschen verrät, der seinen Freund zum Mittel degradiert. Schiller vertritt einen Idealismus, in dem Sinnlichkeit und Vernunft miteinander vermittelt werden, in dem Wahrheit und Schönheit zwei Seiten derselben Medaille sind, in der Humanität nicht eine Idee, sondern Richtschnur des konkreten Lebens ist. Gerade an der Figur Marquis Posas wird kontrastiv deutlich, wie sehr sich Schiller in seinem Stück „Don Karlos" bereits auf den Weg zur Klassik gemacht hat. Aber es wird auch deutlich, was Schiller vom Theater erwartet - Veredelung der Menschen.

Die Notwendigkeit der ästhetischen Erziehung

In seiner Schrift „Über die ästhetischen Erziehung des Menschen in einer Reihe von Briefen" (1795) protestiert Schiller sowohl gegen das Zwangsdiktat der Vernunft wie gegen die Willkür der Sinne. In seinen Briefen sucht er zu erklären, warum die Französische Revolution trotz hoher Ideale gescheitert ist, ja warum die versprochene **Humanität** in ihr Gegenteil verkehrt worden ist. Zentraler Gedanke Schillers ist: Eine sittlich-moralische Kultur lässt sich nicht aufzwingen, auch nicht über die Vernunft, weil so der Mensch seiner Sinnlichkeit beraubt wird. Es geht darum, **den Menschen für die Freiheit und Verantwortung reif zu machen**. Dies ist nur möglich über eine ästhetische Erziehung, weil in ihr sinnlich und zugleich vernünftig gehandelt wird. In dieser Erziehung soll der Charakter des Einzelnen veredelt werden. Im berühmten 9. Brief stellt er die Kunst als das Werkzeug vor, das diese Veredelung des Menschen erreichen kann. Schönheitsideal und Humanitätsideal sind zwei Seiten derselben Medaille, das ästhetische Spiel macht den Menschen erst zum humanen Menschen (14. Brief).

Wirkungsabsicht des Theaters

Hier wird ersichtlich, wie Schiller nach den Erfahrungen mit der Französischen Revolution auf seine frühere Theatertheorie zurückgreift, die er bereits vor der Französischen Revolution formuliert hat - im Theater erfährt der Zuschauer in der Gemeinschaft der Miterlebenden und Mitleidenden sein Menschsein. In seiner 1784 vor der Kurpfälzischen Deutschen Gesellschaft gehaltenen Rede „Was kann eine gut stehende Schaubühne eigentlich wirken?", die er 1785 in der „Rheinischen Thalia" veröffentlicht, vertritt Schiller ein Theaterkonzept, das wesentlich auf die beim Zuschauer zu erreichende **Wirkung** angelegt ist. In diesem ganz auf Wirkung ausgerichteten Theaterkonzept geht es Schiller darum, den Menschen durch das Theater zu veredeln, zur moralisch-sittlichen Persönlichkeit zu erziehen. Damit übernimmt das Theater einen **eminent politischen Auftrag** - es dient gerade nicht einfach nur der Unterhaltung, sondern der Besserung des Menschen. Im Theater sollen die Affekte des Zuschauers erregt und gereinigt werden (Katharsis), im Theater soll der Zuschauer andere Wirklichkeiten kennen und schätzen lernen, im Theater soll der Zuschauer aus seinem Alltag, aus seinen alltäglichen Erfahrungen herausgerissen werden und schließlich - ganz im Sinne Rousseaus formuliert: im Theater soll der Zuschauer einer falschen Zivilisation entrissen werden, damit er sich dort mit allen anderen Menschen als Mensch erfährt.
Mit Blick auf „Don Karlos" wird die Vorstellung wichtig, dass es dem ästhetisch gebildeten Menschen geradezu ein Bedürfnis ist, nach moralischen Gesichtspunkten zu handeln, die universal *und* zugleich mitmenschlich sind.

Auf einen Blick

- Es gibt verschiedene Handlungsstränge mit unterschiedlichen thematischen Schwerpunkten.
- Dennoch lässt sich ein thematischer roter Faden feststellen, der alle Handlungsstränge durchzieht: Wie lässt sich persönliche Freiheit mit absoluten Herrschaftssystemen vereinbaren?
- Zentral ist dabei ein bis heute ungelöstes Problem: Wie lassen sich ungerechte Zwangszustände sinnvoll aufheben?
- Schiller geht von dem Gedanken aus, dass die Menschen erst zur Freiheit erzogen werden müssen, bevor sie zur Freiheit fähig sind.

7 Geschichtstheater – Geschichte auf dem Theater

Schillers idealistischer Ansatz

Schillers Drama fällt ins Genre Geschichtsdrama, d. h. ein Dramatiker greift historische Ereignisse auf und macht sie zum Thema seines Stückes. Für den Dramatiker Schiller ist Geschichte in erster Linie eine Vorlage, mit der er nach dramaturgischen Ansprüchen umgeht. So macht es auch wenig Sinn, für die Charakterisierung der Figuren im „Don Karlos" auf die historischen Personen zurückzugreifen, weder um die Figuren des Stückes damit zu kontrastieren noch um die Figuren des Stückes von dort aus zu erklären.

„Don Karlos" im Vergleich mit „Dantons Tod"

Schillers Vorstellung vom Geschichtsdramatiker wird noch deutlicher, wenn man sein Stück mit der von Büchner in „Dantons Tod" konfrontiert – ein lohnendes Unterfangen insofern, als Schiller mit „Don Karlos" auf dem entschiedenen Weg zur Klassik ist, Büchner sich mit „Dantons Tod" entschieden gegen die Klassik wendet und gegen deren aufklärerische Richtung. Der Scheidepunkt beider Konzepte liegt in der Französischen Revolution. Schiller hat die Erfahrung der Französischen Revolution noch nicht gemacht, gleichwohl hat er ein zentrales Problem einer jeden Revolution erkannt und in der Figur des Marquis Posa veranschaulicht – das Problem der revolutionären Moral. Büchner hat die Französische Revolution hinter sich, aber damit auch jeden Aufklärungsoptimismus.

Schiller, Don Karlos	Büchner, Dantons Tod	
Geschichte im Sinne der Aufklärung ist zielgerichtet: sie ist ein kontinuierliches und sinnvoll zu gestaltendes Geschehen – teleologisches Geschichtsbild.	Geschichte ist ein diskontinuierliches, zufälliges und sprunghaftes Geschehen, das sich einer planvollen Gestaltung entzieht – ateleologisches, nihilistisches Geschichtsbild.	**Welt- und Geschichtsvorstellung**
Ganz im Sinne der Aufklärung steht der Mensch, besonders die autonome Einzelpersönlichkeit, im Mittelpunkt.	Im Mittelpunkt stehen kollektive Grundkräfte, die sich der Einzelpersonen bedienen oder diese sogar zerstören; damit verliert die Einzelperson ihre Geschichtsmächtigkeit, sie wird nur noch zu einem Rädchen im Gesamtgeschehen.	
Die Figur wird als Charakter entwickelt: Sie ist fest gefügt, lässt sich durch Attribute charakterisieren.	Die Figur wird weniger charakterlich-individuell entwickelt als vielmehr durch existenzielle und gesellschaftliche Momente.	**Figurenkonzeption**
Der „Held" ist im Geschehen das dominante Strukturelement; von ihm werden die Handlung und die Entwicklung maßgeblich bestimmt – was nicht bedeutet, dass der Held nicht auch „tragisch" scheitern kann.	Nicht mehr ein „Held" steht im Mittelpunkt des Geschehens, sondern verschiedene, teilweise gegensätzliche Haltungen – sie sind dominante Strukturmomente des Stückes, nicht mehr die Figuren.	**Aussageabsicht**
Die Handlung verläuft letztlich linear und in klar zu bestimmenden Entwicklungsstufen.	Die Handlung ist sprunghaft, ohne klare Entwicklung.	**Handlung**
Die einzelnen Teile der Handlung lassen sich fast durchgängig kausallogisch miteinander verknüpfen (Funktion der 5 Akte).	Die einzelnen Teile stehen teilweise unverbunden nebeneinander, sind Mosaiksteinchen, die vom Zuschauer zusammengesetzt werden müssen.	
Am Schluss wird zwar die Mangelsituation nicht aufgehoben („tragisches Ende"), aber als grundsätzlich aufhebbare Mangelsituation deutlich – optimistisch.	Am Schluss wird die Mangelsituation nicht überwunden, vielmehr wird deutlich, dass sich die Mangelsituation überhaupt nicht überwinden lässt – nihilistisch, fatalistisch.	
Illusionstheater: Es wird eine geschlossene Fiktionswelt dargestellt, die eine Illusion bewirkt. Prinzip der Mimesis – Nachahmung einer wirklichen Welt.	*Antiillusionistisches Theater:* Es werden Verhaltensweisen gezeigt, die exemplarisch sind für menschliche Verhaltensweisen in Grundsituationen (Verweischarakter, gestischer Charakter des Bühnengeschehens).	**Wirkungsabsicht**
Identifikationstheater: Durch die Illusion soll der Zuschauer in das Bühnengeschehen „hineinversetzt" werden, berührt oder gerührt werden.	*Theater der Nichtidentifikation:* Das Bühnengeschehen wird in eine gewisse Distanz gerückt und der „Fatalismus" des Ablaufs dem Zuschauer bewusst gemacht.	
Katharsis: Durch Mitleid und Furcht sollen die Affekte des Zuschauers gereinigt werden.	*Reflexion:* Durch kritische Distanz soll der Zuschauer eine Erkenntnis gewinnen.	

Marquis Posa und Robespierre – zwei Freiheitshelden?

Vergleich Marquis Posa – Robespierre

In der Tat gleichen sich Marquis Posa und Robespierre, wenn es darum geht, die Ideale der Revolution – Freiheit, Gleichheit, Brüderlichkeit – zu vertreten. Beide sind zutiefst davon überzeugt, dass diese Ideale richtig sind, dass sie verwirklicht werden müssen und dass zu ihrer Verwirklichung auch zu Mitteln gegriffen werden darf, die nicht gut sind bzw. die moralisch fragwürdig sind.
Aber gerade hier unterscheiden sich beide doch auch ganz erheblich: Während für Robespierre jedes Mittel Recht ist, scheut Marquis Posa davor zurück, jedes Mittel einzusetzen. Robespierre manipuliert in seinen Reden seine Zuhörer, er verdreht Tatsachen, verfälscht Aussagen, sagt bewusst die Unwahrheit. Er setzt im Namen der Tugend politisch den Terror ein, die Schreckensherrschaft – jeder, der nicht mit ihm die Revolution ohne Mitleid zu Ende bringen will, wird zum Feind der Revolution erklärt. Terror ist ein taugliches Mittel für die Tugend. Seine Rede vor dem Jakobinerclub (Szene I, 3) ist ein ausgezeichnetes Beispiel für die Skrupellosigkeit Robespierres.

Grundlegender Unterschied zwischen Posa und Robespierre

Bei allem Despotismus, der Marquis Posa auch nach der Auffassung Schillers zukommt, unterscheidet er sich doch erheblich von Robespierre. In seiner großen Rede vor König Philipp (Szene III, 10) will er den König von der Richtigkeit seiner politischen Ideale überzeugen (nicht manipulieren), und will er den König in die Umsetzung dieser Ideale einbinden (nicht diffamieren). Er schreckt nicht davor zurück, vor der Staatsmacht sein politisches Bekenntnis offen zu äußern, indem er die absolutistische Staatsmacht für falsch und für unmenschlich erklärt. Daraus könnten ihm nicht nur erhebliche Nachteile erwachsen, er könnte sogar als politischer Hochverräter verhaftet werden.

8 Vom Sturm und Drang zur Klassik

Schillers „Don Karlos“ ist ein Übergangsstück zwischen Sturm und Drang und Klassik. In seinen Konflikten und seinen Handlungen gehört es zum Sturm und Drang, in seinen Grundideen ist es **auf dem Weg zur Klassik**, und von seiner Form her gehört es zur Klassik.
Die Zerstörung einer Familie – das war schon Thema der „Räuber“ und in „Kabale und Liebe“ – ist typisch für den Sturm und Drang. Und Don Karlos ist eine typische Figur des Sturm und Drang – der Sohn, der gegen den Vater aufbegehrt; der Freund, der für den Freund in empfindsamer Weise schwärmt; der Liebhaber, dem seine Gefühle das Heiligste sind. Gerade der Freundschaftsbund zwischen Don Karlos und Marquis Posa trägt nicht nur Anklänge an den Sturm und Drang, sondern sogar an das Zeitalter der Empfindsamkeit. Auch Marquis Posa stammt noch aus dem Sturm und Drang: ein stürmischer Jüngling – wie Karlos –, schwärmerisch und enthusiastisch geprägt, wenn auch im Gegensatz zu Karlos mit einer klaren politischen Idee, die er bedingungslos verfolgt.
Wenn Schillers „Don Karlos“ auch noch viele Kennzeichen des Sturm und Drang aufweist, so sind doch schon **wesentliche Merkmale des klassischen Dramas** aufzeigbar: Es behandelt an einem repräsentativen Fall ein universales Thema, das Verhältnis von Individuum und Staat, von staatlicher Ordnung und bürgerlicher Freiheit. Auch der Aufklärungsgedanke, ein zentrales Thema der Klassik, findet sich bereits.
Die Figur der Elisabeth, die „schöne Seele“, deutet schon in die Richtung des klassischen Frauen- und Menschenbildes, in der sittliche Freiheit und gesellschaftliche Notwendigkeit zur Übereinstimmung gebracht werden. Formal ist das Drama ganz in der Klassik angekommen. Schiller organisiert seinen Stoff in der klassischen Dramenform mit der dramaturgischen Funktion der einzelnen Akte, in einer stilisierten Theatersprache, dem Blankvers, und mit einer zielstrebigen Dialogführung.

Auf einen Blick

- Noch Momente des Sturm und Drang: Vater-Sohn-Konflikt, Unbändigkeit der Gefühle, Enthusiasmus
- Schon wesentliche Momente der Klassik: Thema, Sprache, Dramenform, Figurenbildung

Spickzettel

zum Klausurtraining „Don Karlos“

Prüfungsaufgaben

- Anforderungsbereiche
- Operatoren

Analyse dramatischer Texte

- Erschließungsaspekte Drama
- Fachbegriffe Drama
- Arbeitsschritte Interpretationsaufsatz

Arbeitsschritte Interpretationsaufsatz

1. Arbeitsschritt:
Verstehenshypothese formulieren

↓

2. Arbeitsschritt:
Text aspektorientiert untersuchen

↓

3. Arbeitsschritt:
Deutungsthese formulieren

↓

4. Arbeitsschritt:
Gliederung erstellen

↓

5. Arbeitsschritt:
Klausur schreiben

↓

6. Arbeitsschritt:
Klausur überarbeiten

Figurengestaltung im Drama

Dramenfiguren können unterschiedlich komplex gestaltet werden. Hauptfiguren sind in der Regel als komplexe **Charaktere** entworfen, die mit individuellen Eigenschaften und Merkmalen ausgestattet sind. Charaktere haben ein unverwechselbares Schicksal, bestimmen den Gang der Handlung entscheidend mit, sprechen eine eigene Sprache, zeigen individuelle Eigenschaften. Viele Nebenfiguren dagegen sind nicht wegen ihres Charakters wichtig, sondern für den Fortgang der Handlung nötig. Häufig sind diese Figuren auf einen Charakteraspekt reduziert – man spricht dann von **Typen**.

Figurenkonzeption

Der Gestaltung einer Dramenfigur liegt eine bestimmte Figurenkonzeption des Autors zugrunde.

- Ist die Figur statisch oder dynamisch angelegt? Macht sie eine Entwicklung durch?
- Handelt es sich um eine komplex angelegte Figur, oder um eine eher eindimensionale Figur? Handelt es sich um einen Charakter oder um einen Typus?
- Handelt es sich um eine offen oder um eine geschlossen angelegte Person, d. h. wird die Figur in ihren Handlungsweisen nachvollziehbar, oder bleiben Handeln und Verhalten rätselhaft?

Figurenkonstellation

Die Beziehungen der Personen in einem Drama können sehr unterschiedlich gestaltet sein. Besonders häufig ist die Beziehung Held (Protagonist) und Gegenspieler (Antagonist). Beide treiben durch ihr Handeln das Geschehen voran. Auch Dreieckskonstellationen sind häufig anzutreffen.

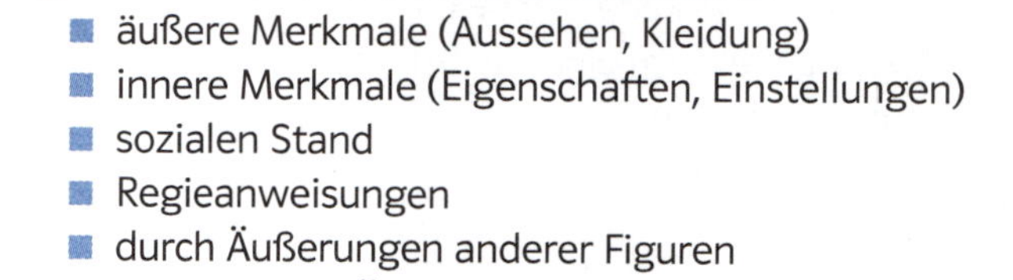

Charakterisierung der Figuren

Figuren werden direkt charakterisiert durch

- äußere Merkmale (Aussehen, Kleidung)
- innere Merkmale (Eigenschaften, Einstellungen)
- sozialen Stand
- Regieanweisungen
- durch Äußerungen anderer Figuren
- durch eigene Äußerungen zur Person

Figuren werden indirekt charakterisiert durch

- ihre Sprache und Sprechweise
- ihre Handlungsweise
- den Vergleich mit Kontrastfiguren

Anforderungen und Operatoren

1 Anforderungsbereiche

Die von Ihnen erwarteten Leistungen bei der Lösung einer Prüfungsaufgabe/einer Aufgabenstellung sind in der Regel drei Anforderungsbereichen (AFB) zugeordnet.

Anforderungsbereich I (AFB I): Reproduktion

- Den Inhalt eines eher einfachen Textes oder fachlichen Sachverhalts eigenständig wiedergeben
- Textart, Aufbau und Strukturelemente eines Textes unter Verwendung fachspezifischer Begriffe (Fachbegriffe, Fachterminologie) erkennen und bestimmen
- Fachspezifische Kenntnisse und Methoden in die Darstellung einbringen
- Teilergebnisse sinnvoll ordnen und verknüpfen
- Ergebnisse sprachlich angemessen formulieren
- Richtig zitieren

Anforderungsbereich II (AFB II): Reorganisation und Transfer

- Den Inhalt eines schwierigen Textes oder Sachverhalts eigenständig zusammenfassen
- Die Struktur eines Textes erfassen
- Die Argumentation eines Textes beschreiben

Geschlossenes Drama	Offenes Drama
- Einsträngige Haupthandlung, die auf ein Ziel hinführt. Nebenhandlungen sind auf die Haupthandlung bezogen. Kausale und überzeugende Schrittigkeit der Handlung.	- oft mehrere gleichgewichtige Handlungsstränge, lockere Struktur der Einzelszenen, Zusammenhang wird über Figuren oder Leitmotive geschaffen
- mündige, selbst bestimmte Figuren, die das Geschehen durch ihr Handeln bestimmen	- Antihelden, die von ihrem sozialen Umfeld bestimmt werden, wenig Gestaltungsspielraum
- wenige Personen, unterteilt nach Haupt- und Nebenfiguren, übersichtliche Figurenkonstellation. Oft Held und Gegenspieler oder auch Dreieckskonstellation	- Vielzahl von Figuren, die oft den unterschiedlichsten sozialen Schichten entstammen. Keine eindeutige Figurenkonstellation
- eindeutiger Anfang, markiert durch das Eintreten einer Konfliktsituation, eindeutige Lösung am Schluss, Klären der Vorgeschichte in einer Exposition	- unvermittelter Beginn, Vorgeschichte wird nicht geliefert, offener Schluss
- Kunstsprache, meist Verssprache, jedoch individuelle Charakterisierung der Figuren durch die Sprache möglich	- realistische Alltagssprache, oft mangelnde Artikulationsfähigkeit, bis hin zur Sprachlosigkeit
- Handlung spielt innerhalb eines kurzen Zeitraums	- Handlung umspannt längeren Zeitraum, oft Jahre
- wenige Schauplätze	- häufig viele Handlungsorte, die weit voneinander entfernt sein können
- Bühnenwelt als idealisiertes Bild der Wirklichkeit	- Bühnenwelt als Abbild der Wirklichkeit, die in ihrer Komplexität kaum zu erfassen ist

Figurenrede im Drama

Der Figurenrede kommt bei der Darstellung der Handlung entscheidende Bedeutung zu – durch sie wird die fiktive Welt auf die Bühne gebracht.
Man unterscheidet zwischen **Dialog** (Gespräch zwischen zwei oder mehreren Personen) und **Monolog** (Selbstgespräch einer Figur). Im Drama bestimmt der Dialog den Aufbau und den Fortgang der Handlung. Im **Dialog** wird die Handlung vorangetrieben, werden Figuren charakterisiert, Beziehungen dargestellt, Informationen über Beweggründe gegeben etc.
Wichtige Untersuchungsaspekte bei der Dialoganalyse sind: Thema des Gesprächs, Gliederung des Gesprächs, Gesprächsverhalten der Figuren (Intentionen, Strategien), Gesprächsergebnis.

Monolog heißt die Rede *einer* Figur im Drama. Oft nimmt der Monolog die Form eines Selbstgesprächs an, in dem die Figur sich zu einer Entscheidung durchringt. Er kann aber auch eine Wendung zum Publikum hin haben und der Illusionsdurchbrechung dienen.

Beiseitesprechen: Eine Figur spricht zur Seite, die Information ist nur für die Zuschauer bestimmt und wird von den anderen Bühnenfiguren nicht gehört.

Fachbegriffe Drama

Drama

Ein **Drama** ist die Darstellung eines konfliktbestimmten Geschehens durch handelnde und sprechende Figuren auf einer Bühne. Diese Gattung ist also durch die Kombination von Text (den man auch nur lesen kann) und szenischer Aufführung von den anderen Gattungen unterschieden. Während bei Prosatexten der Erzähler als Vermittler zwischen der dargestellten fiktiven Welt und dem Leser fungiert, gibt es beim Drama eine solche Vermittlungsinstanz nicht. Lediglich im sogenannten Nebentext (Titel, Personenverzeichnis, Regieanweisungen) kommt der Autor unmittelbar zu Wort.

Da Dramen meist eine vielschichtige Handlung zeigen, wird diese untergliedert. Üblicherweise teilen die Autoren ihre Dramen deshalb in Akte, Szenen oder Bilder ein.

Akt: Ein in sich abgeschlossener, größerer Handlungsabschnitt, der seit dem 17. Jahrhundert durch das Zu- und Aufziehen des Vorhangs markiert wird.
Szene: Im mehraktigen Drama Untereinheit des Aktes, die durch das Auf- bzw. Abtreten von Personen markiert wird. Szenen werden deshalb auch Auftritte genannt.
Bild: Das moderne Drama kennt häufig keine Gliederung in Akte, sondern reiht Bilder aneinander.

Erschließungsaspekte Drama

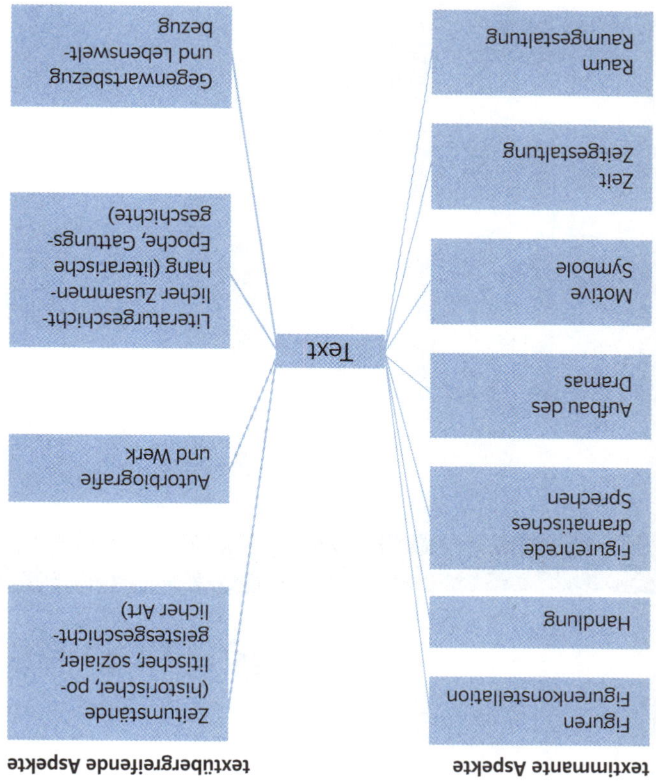

Sprache im Drama

Im klassischen Drama wird meist eine Kunstsprache verwendet, d.h. alle Personen sprechen auf der gleichen hohen Ebene und in Versform. In Aufklärung und Klassik war der Blankvers die meist verwendete Versform im Drama.

Der Blankvers ist ein ungereimter fünfhebiger Jambus. Er ermöglicht häufige Enjambements und steht der Prosa nahe.

Im modernen Drama nähert sich die Sprache der Alltags- und Umgangssprache, die Figurenrede ist nicht mehr metrisch gebunden.

Die drei Einheiten des Aristoteles

Jahrhundertelang hatte die auf die Poetik des Griechen Aristoteles zurückgehende Vorstellung der sogenannten drei Einheiten die Gestaltung von Dramen beeinflusst.

Demnach sollte in jedem Drama
- die Einheit des Ortes
- die Einheit der Zeit
- und die Einheit der Handlung
  gewahrt werden.

Diese Regeln wurden von den französischen klassizistischen Dramatikern eingehalten, und auch die deutschen Dramen der Aufklärung und der Klassik folgen diesen Vorgaben nach Möglichkeit. Jedoch bereits das Drama des Sturm und Drang setzte sich über dieses enge Regelwerk weg und nahm sich den englischen Dramatiker Shakespeare zum Vorbild. Das moderne Drama kennt den strengen fünfaktigen Aufbau und die Einheitsregeln nicht, denn sein wesentliches Merkmal ist die locker-episodische Reihung von Bildern und Szenen. Der Germanist Volker Klotz hat für die Unterscheidung von traditionellem und modernem Drama das Gegensatzpaar geschlossenes vs. offenes Drama eingeführt.

- Wortschatz, Satzbau und poetische Mittel eines Textes auf ihre Funktion und Wirkung hin untersuchen
- Aus dem Unterricht bekannte gestalterische Verfahren funktionsgerecht verwenden
- Aus dem Unterricht bekannte Untersuchungsmethoden auf vergleichbare neue Gegenstände anwenden
- Für eine literarische Epoche charakteristische Erscheinungen in einem Text aufzeigen

Anforderungsbereich III (AFB III) : Reflexion und Problemlösung

- Intentionen und Wirkungsmöglichkeiten eines Textes ermitteln und beurteilen
- Die in einem Text vertretene Position in umfassendere theoretische Zusammenhänge einordnen
- Aus den Ergebnissen einer Textanalyse Schlüsse ziehen
- Bei gestalterischen Aufgaben selbständige und zugleich textangemessene Lösungen erarbeiten
- Die eigene Gestaltung reflektieren, erläutern und begründen
- Fachspezifische Sachverhalte begründet werten und einen Standpunkt argumentativ vertreten
- Hypothesen aufstellen und überprüfen
- Eine eigene Konzeption für die Bearbeitung einer komplexen Aufgabe entwickeln

Spickzettel

zum Klausurtraining „Don Karlos"

Analyse dramatischer Texte

Handlungsaufbau / Aufbau des Dramas

Das sogenannte aristotelische Drama ist meist in fünf Akte eingeteilt. Jeder Akt erfüllt eine bestimmte Funktion im Handlungsaufbau

Der 1. Akt dient der **Exposition**. Sie macht den Zuschauer mit der Vorgeschichte bekannt, führt die Figuren ein und präsentiert die Verhältnisse, aus denen der dramatische Konflikt sich entwickelt.

Im 2. Akt entwickelt sich der Konflikt **(= steigende Handlung)**.

Im 3. Akt wird der Konflikt auf den **Höhepunkt** geführt und voll entfaltet. Oft ist der Höhepunkt zugleich auch **Wendepunkt (= Peripetie)** des Geschehens, d. h. die Handlung nimmt eine unvorgesehene Wendung.

Im 4. Akt führt die Handlung **(= fallende Handlung)** dann scheinbar zum unvermeidlichen Schluss hin, wird aber meist durch ein sogenanntes **retardierendes Moment** aufgehalten. Das verzögernde Moment bringt noch einmal Spannung in den Handlungsablauf.

Im 5. Akt wird die dramatische Handlung dann abgeschlossen. In der Tragödie meist mit der **Katastrophe**, in der Komödie mit Auflösung aller Verwicklungen und einem **glücklichen Ende**.

2 Operatoren

Operatoren sind Arbeitsanweisungen, die die bei der Lösung einer Aufgabenstellung zu leistenden Teilschritte (z. B. Teilaufgaben) formulieren und konkretisieren. Über die Funktion als Arbeitsanweisungen hinaus dienen Operatoren zur Beschreibung und Beurteilung von Leistungen bei der Lösung von Aufgaben.

Operator	Beispiel	Bedeutung	AFB
(be)nennen	„Benennen Sie wesentliche Merkmale der literarischen Epoche…"	zielgerichtet Informationen zusammentragen, ohne diese zu kommentieren	I
beschreiben	„Beschreiben Sie den Aufbau des Gedichts…"; „Beschreiben Sie, was der Verfasser des Textes unter … versteht."	Textaussagen oder Sachverhalte in eigenen Worten strukturiert und fachsprachlich richtig aufnehmen	I
wiedergeben	„Geben Sie den Inhalt der Kurzgeschichte/ des Sachtextes… wieder."	Inhalte, Zusammenhänge strukturiert, zusammenfassend in eigenen Worten fachsprachlich richtig formulieren	I
untersuchen, erschließen	„Analysieren/untersuchen Sie die Argumentationsstruktur des Textes…"; „Analysieren / untersuchen Sie die bildlichen Mittel im Gedicht"	an Texten, Textaussagen, Problemstellungen kriterienorientiert bzw. aspektgeleitet arbeiten	II

Formen des Dramas

Die **Tragödie** ist neben der Komödie die zweite Hauptform des Dramas. Sie gestaltet einen tragischen Konflikt. Meist sind es Personen von hohem Stande, die ein über sie verhängtes Schicksal zu bewältigen haben oder an der sittlichen Weltordnung scheitern. Die Tragödie endet in der Katastrophe, d. h. dem Untergang des Helden, der entweder stirbt oder ins Elend gerät. Nach der antiken Poetik des Aristoteles hat die Tragödie eine kathartische (= reinigende Wirkung) auf den Zuschauer, der mit dem Protagonisten mitleidet. Über Mitleid und Furcht soll er nach Lessing in diesen beiden Gefühlen "gereinigt" werden. Er soll lernen, mit demjenigen Mitleid zu haben, der es verdient, und sich vor den Dingen zu fürchten, die er selbst auch fürchten muss.
Die **Komödie** spielt bis ins 18. Jahrhundert meistens unter Personen niederen Standes. Lessing macht dieser Ständeklausel („Minna von Barnhelm") ein Ende. Sie entlarvt die Unzulänglichkeiten und Schwächen des Menschen und des menschlichen Lebens. Häufige Themen sind das Missverhältnis von Schein und Sein. Erheiternde Wirkung wird meist durch Sprach- und Situationskomik erzeugt.
Die **Tragikomödie**, die erstmals im Sturm und Drang entwickelt wurde, verbindet Tragik und Komik unauflöslich miteinander zur gegenseitigen Erhellung. Komische Momente verstärken die Wirkung der tragischen Zusammenhänge.

Zeitgestaltung im Drama

Der Dramatiker muss seine Handlung zeitlich genau konzipieren und verschiedene Entscheidungen treffen.

Eingrenzung	Wann soll die Darstellung der Handlung beginnen, wann ein Ende finden?
Dauer	In welchem Verhältnis stehen Spielzeit (gespielte Zeit auf der Bühne) und gespielte Zeit (Dauer der Handlung)?
Abfolge	Werden die Ereignisse in chronologischer Abfolge dargeboten oder nicht?
Ausschnitte	Welche Ausschnitte aus der fiktiven Handlung werden dem Zuschauer dargeboten, damit in der Vorstellung des Zuschauers ein Bild der Handlung entsteht?

Operator	Beispiel	Bedeutung	AFB
einordnen	„Ordnen Sie die Szene in den Handlungszusammenhang des Dramas ein." „Ordnen Sie den Text in die literarische Epoche ein."	einen Inhalt, eine Aussage, eine Problemstellung in einen vorgegebenen oder selbst gewählten Kontext einbeziehen	II
vergleichen	„Vergleichen Sie das Erzählverhalten in den beiden Texten/Textauszügen…"; „Vergleichen Sie, wie in den beiden Gedichten das Motiv der nächtlichen Natur dargestellt wird.": „Vergleichen Sie die beiden Gedichte/Texte unter von Ihnen selbst gewählten wesentlichen Aspekten."	Texte, Textaussagen, Problemstellungen unter vorgegebenen oder selbst gewählten Aspekten gegenüberstellen, in Beziehung setzen und analysieren, um Gemeinsamkeiten, Unterschiede, Teil-Identitäten, Ähnlichkeiten, Abweichungen oder Gegensätze ermitteln zu können	II
erklären	„Erklären Sie das Verhalten der Figur … in dem Drama … unter Berücksichtigung ihrer Situation und ihres sozialen Standes."	Textaussagen, Sachverhalte auf der Basis von Kenntnissen und Einsichten differenziert darstellen	II
erläutern	„Erläutern Sie die Wirkung der erzählerischen Mittel anhand von Beispielen in…"	Erklären und durch zusätzliche Informationen und Beispiele veranschaulichen	II

Dieser Handlungsaufbau des traditionellen Dramas wird häufig in Form einer Pyramide wiedergegeben, die 1863 von Gustav Freytag entwickelt wurde.

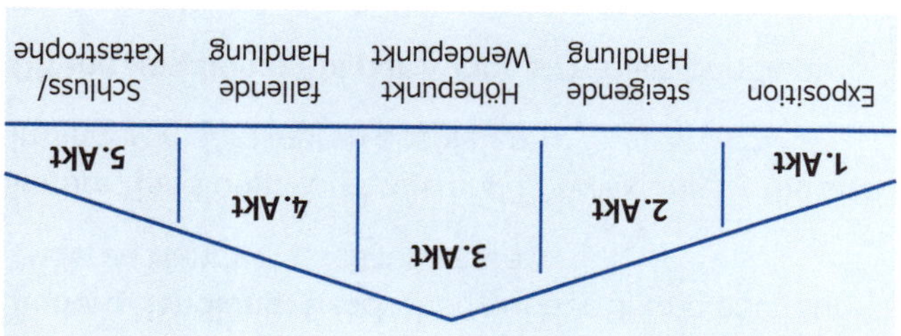

Operator	Beispiel	Bedeutung	AFB
interpretieren	„Interpretieren Sie den Romanauszug ..."	nach Formulierung einer Interpretationshypothese und in Wechselbeziehung zu einer Analyse sinnhaltige Elemente literarischer oder pragmatischer Texte in Ihrer funktionalen Bezogenheit aufeinander deuten und in einer Gesamtdeutung nachvollziehbar darstellen	I–III
erörtern	„Erörtern Sie, inwiefern sich das Menschenbild in Büchners ‚Woyzeck' von dem Menschenbild in Goethes ‚Faust' unterscheidet."	eine These oder Problemstellung, eine Argumentation durch Für- und-Wider- bzw. Sowohl-als-Auch-Argumente auf ihre Stichhaltigkeit hin abwägend prüfen und auf dieser Grundlage eine eigene Stellungnahme dazu entwickeln	I–III
gestalten	„Gestalten Sie im Anschluss an den Brief der Figur … in Kapitel … einen Antwortbrief der Tochter/des Sohnes…	in Verbindung mit einer Textvorlage, auf der Grundlage einer konkreten Arbeitsanweisung einen Text nach ausgewiesenen Kriterien erarbeiten	I–III

Operator	Beispiel	Bedeutung	AFB
in Beziehung setzen	„Setzen Sie das Ergebnis Ihrer Untersuchung in Beziehung zu der Ihnen bekannten Position des Verfassers …“	Analyseergebnisse, Textaussagen, Problemstellungen mit vorgegebenen oder selbst gewählten Aspekten in Verbindung bringen	II
beurteilen	„Beurteilen Sie die Angemessenheit der Rezension…“	zu einem Text, einer Textaussage, der ästhetischen Qualität eines Textes, einem Sachverhalt u.ä. zu einem selbständigen, begründeten Urteil kommen	III
bewerten	„Bewerten Sie auf der Grundlage Ihrer eigenen Einstellung zu dem Problem die Auffassung des Verfassers…“	beurteilen, verbunden mit der Offenlegung begründeter eigener Wertmaßstäbe, die sich aus ausgewiesenen Normen und Werten ableiten	III
(kritisch) Stellung nehmen	„Nehmen Sie begründet Stellung …“	eine Problemstellung, Problemlösung, einen Sachverhalt, eine Wertung auf der Grundlage fachlicher Kenntnis und Einsicht nach kritischer Prüfung und sorgfältiger Abwägung formulieren	III

Raumgestaltung im Drama

Der Dramatiker kann den **Schauplatz** oder **„Raum“** der Handlung gestalten, je nachdem, welche Bedeutung und Funktion er haben soll. Man kann Grundfunktionen der Schauplatzgestaltung unterscheiden:

Handlungsraum	Der Raum, in dem die Handlung abläuft.
Sozialer Raum	Die soziale Umwelt als Ausdruck des gesellschaftlichen Lebensstils einer Figur.
Soziales Milieu	Die soziale Umwelt in ihrer Funktion als kausal-determinierendes Milieu, das die Figur in ihrem Denken, Fühlen, Sprechen, Handeln prägt.
Stimmungsraum	Der Raum, der die Stimmung der Figuren veranschaulicht und unterstreicht oder die Grundstimmung einer Szene zum Ausdruck bringt.
Symbolraum	Die Verdichtung der gesamten Thematik in anschaulichen, bedeutsamen Bildern (Symbolen) mit Verweisfunktion.

Handlung

Es wird zwischen verschiedenen Arten von Handlung unterschieden.

Äußere Handlung: Geschehen auf der Bühne oder auf anderen Handlungsschauplätzen.

Innere Handlung: Vorgänge und Entwicklungen, die sich im Inneren der Figuren abspielen.

Offene Handlung: Auf der Bühne sichtbare Handlung.

Verdeckte Handlung: Geschehen, das auf der Bühne nicht sichtbar ist und dem Zuschauer durch Figurenrede (entweder im Dialog oder im Monolog) vermittelt wird. Auch Botenbericht oder Mauerschau sind Möglichkeiten, für den Zuschauer nicht sichtbare Handlung wiederzugeben.

Wie sich in Prosatexten Erzählschritte festhalten lassen, kann man in Schauspielen **Handlungsschritte** feststellen. Häufig fallen Handlungsschritte und Szenen zusammen.

Das **Handlungstempo** kann in den verschiedenen Dramen erheblich variieren. In den klassischen Dramen agieren die Figuren meist zielgerichtet und führen rasche Handlungsänderungen herbei, während in modernen Dramen die Handlung oft sehr langsam bis gar nicht in Gang kommen kann.

Operator	Beispiel	Bedeutung	AFB
begründen	„Begründen Sie Ihre eigene Auffassung aus Ihrer Erfahrung als Leser(in) …“	ein Analyseergebnis, Urteil, eine Wertung fachlich und sachlich absichern durch Argumente, Belege, Beispiele	III
sich auseinandersetzen mit	„Setzen Sie sich kritisch mit dem Problem … auseinander.“	zu einer fachlichen Problemstellung oder These eine Argumentation entwickeln, die zu einem begründeten, nachvollziehbaren Urteil führt	III
prüfen/überprüfen	„Überprüfen Sie die Schlüssigkeit der Argumentation im Text…“	eine Textaussage, These, Argumentation, ein Analyseergebnis, einen Sachverhalt auf der Grundlage eigener Kenntnisse, Einsichten oder Textkenntnis auf ihre/seine Angemessenheit hin untersuchen und zu Ergebnissen kommen	III
entwerfen	„Entwerfen Sie im Anschluss an den Dialog … in der Szene … einen Monolog der Figur…“	in Verbindung mit einer Textvorlage, auf der Grundlage einer konkreten Arbeitsanweisung einen eigenen Text unter Benennung der notwendigen Entscheidungen und Arbeitsschritte planen	III